스카프 장사의 신(神) **이순희**의

나는
동대문시장에서
장사의 모든 것을
배웠다

스카프 장사의 신(神) 이순희의

나는 동대문시장에서
장사의 모든 것을 배웠다

이순희 지음

초판 발행 | 2018. 3. 15.

발행처 | **Human & Books**
발행인 | 하응백
출판등록 | 2002년 6월 5일 제2002-113호
서울특별시 종로구 삼일대로 457 수운회관 1009호
기획 홍보부 | 02-6327-3535, 편집부 | 02-6327-3537, 팩시밀리 | 02-6327-5353
이메일 | hbooks@empas.com

ISBN 978-89-6078-562-5 13320

스카프 장사의 신(神) 이순희의

나는
동대문시장에서
장사의 모든 것을
배웠다

Human & Books

/ 목차 /

프롤로그 • 8

1장 동대문시장에서 장사의 모든 것을 배웠다

01 스카프 장사의 신이 되다 • 15
02 스카프 디자인에 도전하다 • 21
03 일주일에 한 번 이상 백화점에서 장사를 배웠다 • 25
04 장사 DNA 타고 나셨나요? • 29
05 내 가게의 장점을 최대한 살려라 • 35
06 '순희체'를 활용해 한글의 아름다움을 담은 스카프 • 40
07 확신의 힘을 믿어라 • 42

2장 미안한 얘기지만 장사처럼 쉬운 건 없다

01 동대문 장사를 결심하다 • 49
02 물건을 공급해주는 고객도 중요하다 • 53
03 장사는 신뢰와 믿음을 바탕으로 해야 한다 • 56
04 이제 내 마지막 길은 장사다 • 59
05 미안한 얘기지만 장사처럼 쉬운 건 없다 • 63

06 때와 장소를 알아보는 안목이 필요하다 • 69
07 가장 지치고 힘들 때 어떻게든 버텨라 • 71

3장 〈수미사〉의 고객 감동 서비스

01 손님을 끌어당기는 분위기를 만들어라 • 79
02 과연 당신은 제대로 장사하고 있는가? • 87
03 0.5초 안에 고객을 읽어라 • 91
04 고객에게 진정성으로 승부하라 • 95
05 고객을 친구로 만들어라 • 98
06 고객 한 명을 위한 패션쇼 • 103
07 불량고객에게도 배울 점이 있다 • 107
08 불친절한 고객에게도 친절하기 • 111
09 상품을 팔려고 하기보다 상품의 가치를 느끼게 만든다 • 118
10 손님을 평생 단골로 만드는 비법 • 124

4장 장사는 절대 혼자서는 못 한다

01 작은 가게라면 돈보다 사람을 벌어야 한다 • 129
02 기본을 지키는 것이 가장 중요하다 • 135
03 무엇보다 중요한 것은 진심이다 • 145
04 장사는 절대 혼자서는 못 한다 • 150
05 지금의 나를 만든 사랑스러운 가족들 • 156

5장 장사를 해내고 나니 세상에 못할 것이 없더라

01 배움을 돈으로 바꾸는 기술을 배웠다 • 173
02 나는 동대문시장에서 장사의 모든 것을 배웠다 • 179
03 공부를 다시 시작한 이유 • 185
04 40에 돈을 벌고 60에 공부했다 • 197
05 끊임없는 공부가 지금의 나를 있게 했다 • 201
06 모든 성공은 자기 경험에 있다 • 207
07 거꾸로 살아온 인생 참 즐겁다 • 211

· 프롤로그 ·

이순희 인사드립니다

저는 이순희입니다.
동대문시장의 스카프 매장 〈수미사〉의 대표입니다.

장사를 시작하는 사람들의 절박하고 막막한 심정을 누구보다 잘 알고 있습니다. 저 역시 동대문의 풋내기 장사꾼 시절을 겪었으니까요. 부도 위기의 가게를 두고 어쩔 줄 모르던 시기부터 어엿한 가게 〈수미사〉의 대표가 되기까지 많은 고비가 있었습니다.

삶을 돌아보니 이제는 장사를 떼놓고는 이야기할 수 없는 프로 장사꾼이 되었더군요. 저를 '스카프 장사의 신(神)'이라고 부르는 분들도 계십니다. 낯뜨거운 칭찬이지만, 기분은 좋더군요. 그런 과분한 칭찬을 들으면서 그동안 제가 해왔던 장사의 노하우를 정리해보고 싶은 욕심이 들었습니다. 이제 막 장사를 시작하는 분들께 제가 알고 있는 '장사의 모든 것'을 들려드리고 싶었습니다.

저는 글을 잘 쓰진 못하지만 한 자 한 자 또박또박 자판을 두드려 원고를 하나씩 완성해 나갔습니다. 글을 쓰다 보니 새삼 과거의 힘들었던 일과 즐거웠던 일이 떠올라 눈시울을 적셨습니다. 하지만 저의 개인적인 감정보다는 장사 초반의 우여곡절과 그 과정에서 쌓은 노하우, 이 모든 것의 바탕이 되었던 장사를 대하는 마음가짐에 대해 썼습니다. 돌아보니 남편, 친구, 가족, 동료들까지 감사한 분들이 참 많았습니다.

장사는 제 삶에 큰 영향을 주었습니다. 하지 못할 것 같던 일들을 해내고 나니 세상에 도전해보지 못할 것들이 없어 보였습니다. 장사에서 얻은 반짝반짝한 원동력은 초등학교 졸업 학력의 60대 할머니였던 저를 허리 아픈 줄도 모르고 공부하게 만들었습니다. 저는 어느덧 70대가 되어 대학원을 졸업해 석사가 되었습니다. 그리고 이제는 또 다른 꿈을 향해 배움의 길을 걷고 있습니다.

제 삶을 스스로 특별하다 여길 수 있도록 만들어준 동대문시장에서의 장사의 모든 것을 이제 여러분께 들려드리겠습니다. 장사는 힘들기도 했지만 거꾸로 저의 삶의 원동력이었습니다. 이 책을 쓰면서 생각해보니 저는 돈을 벌기 위해 장사를 했고, 그래서 돈을 벌었지만, 돈의 노예가 아니었습니다. 오히려 돈을 벌었기에 돈에서 해방되었습니다. 돈에서 해방되기까지 힘들었던 건 사실입니다.

세월이 가는지 오는지 모르고 열심히 살아가고 있습니다. 남들이 지금의 저를 보고 칠순이니 하는 말을 들으면서도 "칠순? 내가 칠순 그래?" 하고 대수롭지 않게 반응합니다. 저에게는 그저 물리적인 나이일 뿐 별로 개의치 않고 살아가고 있습니다.

영하 17도를 기록한 올해 가장 추웠던 날이었습니다. 늦은 밤 스피치 학원을 마치고 추운 줄도 모르고 스피치 연습을 하며 행복하게 집까지 걸어왔습니다. 저에게는 꿈이 있기에 혹한에도 춥지 않았습니다. 가난하고 처절했던 어린 시절의 아픔도, 초등학교 졸업의 열등감도 이겨내고, 굳을 대로 굳어버린 머리를 피나는 노력으로 공부할 수 있는 오솔길로 만들었습니다. 처음 새로운 길을 내기가 힘들었을 뿐 한번 길이 생기자 어느덧 오솔길은 대로가 되어 어떠한 것도 무사통과할 수가 있었습니다.

대학교 일학년 때 동양학 강의를 하셨던 조정육 작가님! 처음 저에게 "이순희 대표님 다음에 책 쓰실 준비하세요" 하셨을 때 너무나 놀랐습니다. 저를 설득하시며 진실을 담아 진정성 있는 글을 쓸 수 있도록 조언해주시고 이끌어주신 덕분에 오늘 제 책이 나왔습니다. 저를 책의 저자로 만들어주신 조정육 작가님께 고개 숙여 감사드립니다. 저를 공부할 수 있도록 동기부여해 주신 저의 학문의 어머님이신 금기숙 교수님께 고개 숙여 감사드립니다. 이순광 교수님께도 감사드립니다.

서울과학기술대학교 대학원에서 석사 학위를 받기까지 여러 번의 힘든 고비 때마다 격려와 힘을 주셨던 지도교수님이신 서진환 교수님께 고개 숙여 감사드립니다. 옆에서 많은 도움을 주고 격려해 주신 차경철 교수님, 최승욱 교수님, 신재협 교수님, 조유진 교수님, 김종성 교수님께 고개숙여 감사드립니다. 함께 공부하며 많이 도와준 선후배님들께 감사드립니다. 저를 교수로 만들어주신 한국양성평등교육진흥원 김행 전 원장님께도 감사의 인사를 전합니다. 그리고 이경화 실장님께도 감사드립니다.

큰딸인 저를 공부 못 시켜 제일 안타까워한 우리 엄마! 저를 위해 늘 기도해 주신 나의 수호천사인 엄마께 엎디어 감사드립니다. 큰언니라면 무조건 따라주었던 동생들, 그리고 남동생과 우리 올케! 우리 엄마 잘 모셔 고맙고 감사합니다.

그리고 우리 큰사위, 작은사위! 나의 사위가 되어주어 감사합니다. 아들, 큰딸, 작은딸 너무 곱게 잘 자라주어 감사하고 고마워. 마지막으로 오늘의 이 기쁨과 행복! 사랑하는 나의 남편! 당신이 있었기에 내가 여기까지 왔네요. "여보, 사랑해요!"

2018년 3월
이순희

1장

동대문시장에서
장사의 모든 것을 배웠다

01
스카프 장사의
신이 되다

장사는 절대로 운으로 하는 것이 아니다. 동대문시장에서는 초등학교도 졸업하지 못한 할머니, 할아버지들이 성공한 사례도 쉽게 찾아볼 수 있다. 성공한 이들은 자본 이상의 것을 가지고 있다. 내면에 숨겨진 철학, 습관, 인맥, 성격 등이 그들을 성공으로 이끌었다. 실전 경험에서 우러나온 지식, 그리고 작은 것부터 큰 것까지 순간적으로 결정할 수 있는 결단력도 있다. 많은 고난과 시련, 실패 속에서도 끈기를 갖고 극복해낸 의지도 갖고 있다. 위기상황에서의 대처능력도 성공에 도달하는 데 중요한 요소다.

나도 청천벽력의 IMF 외환위기 사태 때 위기를 기회로 만드는 결정을 했다.

"여보, 우리가 동대문시장에 들어올 때 빈손으로 들어왔지요. 지금 우리가 망한다 해도 본전입니다. 하나도 손해볼 것 없습니다. 우리 모든 걸 포기하고 처음부터 다시 시작합시다. 우리 나이 아직 오십 밖에 안 됐습니다. 아직 젊어요. 처음 시작할 때처럼 둘이 손잡고 다시 시작합시다."

가게 부도 직전에 남편이 완전히 의기소침해 있을 때 나는 남편에게 이렇게 말했다. 남편은 이 말에 용기를 얻었나 보다. 남편은 이렇게 대답했다.

"그래. 당신은 그 마인드가 좋아. 우리 처음 시작할 때처럼 다시 한 번 열심히 뛰어봅시다."

우리 부부는 다시 의기투합했다. 이럴 경우 주위 부부들을 보면, 당신 때문에 이 지경까지 왔다면서 상대방을 비난하며 자기 잘못은 발견하지 못하고 상대방의 상처만을 들추어 싸우는 경우가 허다하다. 남편은 나를 격려해주었다. 이 세상 누구보다 믿고 의지할 수 있는 사람은 바로 남편이라는 것을 다시 한 번 생각했다.

IMF 외환위기의 악몽을 빨리 벗어나고 싶었다. 남편과 합의하여 모든 것을 포기하고 다시 시작하기로 마음을 다잡았다. 무리하게 늘렸던 가게와 집의 대출은 10억에 가까웠다. 그동안 쌓아올린 고난과 고통이 많았기에 포기가 되지 않았다.

그러나 장사는 전멸이었고 포기하지 않을 수 없었다. 내 힘으로는 도저히 막을 수 없다는 것을 느꼈다. 결국 모든 것을 내려놓았다. 그러자 새로운 힘이 생겼다.

"다시 시작이다."

아침 일찍 일어나 거울을 보며, "순희야! 오늘도 열심히 살아보자. 너는 할 수 있어. 파이팅!" 이렇게 나를 응원했다.

새로운 길을 찾아 헤맸다. 청담동 길, 갤러리, 각종 백화점, 동대문 원단시장까지 두루 돌아다녔다. 가끔은 어깨에 힘이 쭈욱 빠지며 주저앉고 싶은 심정일 때도 있었다. "과연 우리가 다시 일어날 수 있을까? 다시 해낼 수 있을까?" 그럴수록 마음을 다잡았다.

"정신 차려, 순희야! 조금만 더 힘을 내. 너는 할 수 있어! 알았지?"

마음을 가다듬으며 다시 정신을 차렸다. 눈에 촉을 세우며 현대백화점 지하를 돌아보았다.

그때 저 멀리에서 무언가가 나를 이끌었다. 바로 스카프 한 장이었다. 은은한 색채로 빛을 발하는 이태리 스카프의 우아한 자태!

"이 컬러다! 내가 찾던 분위기야! 이 디자인과 컬러라면 충분히 승산이 있어."

나는 흥분했다. 잠시 숨을 고르고 마음을 가라 앉혔다. 전략을 짜야 했다. 백화점 가격은 16만 원이었다. 판매가격이 이 정도면 수입하여 판매할 수 있는 충분한 단가였다. 나는 당시 컬러에 대한 전문적인 지식은 전혀 없었지만 이태리 컬러의 매력에 푹 빠져들어갔다. 나중에 공부하면서 그 컬러가 파스텔 계열이라는 것을 알게 되었다.

이태리 수입 스카프를 조사했다. 청담동 갤러리, 신세계·롯데백화점의 이태리 스카프를 눈여겨보며 가격을 비교 분석해보았다. 백화점에만 고가의 상품으로 있을 뿐 동대문시장과 남대문 시장에는 전혀 없었다. IMF 외환위기로 중소기업이나 서민들이 입은 피해가 커서 동대문시장은 개시도 못 할 정도로 전멸이었지만, 백화점을 둘러보면 여유 있는 재산가들은 여전히 쇼핑을 즐기고 있었다.

나는 나 자신을 믿었다. 동대문시장에 들어온 지도 15년의 세월이 흘렀다. 그동안 디자인하며 판매했던 많은 상품들의 성공 노하우가 있었다. 내가 느낀 대로, 생각한 대로 디자인하여 판매에서 큰 성공을 이루기도 했다. 헤아릴 수 없이 많은 상품들의 이야기를 떠올리며 성공으로 이어진 생생한 기억들을 더듬었다. 다시 소생할 수 있는 새로운 방향으로 스카프 시장을 개척하자. 이런 생각만이 내 머릿속에 가득했다.

이태리 수입 스카프를 보면서 순간적으로 나에게는 확실한 목표가 생겼다. 분명 성공할 거라는 확신이 들었다. 기필코 수입을 해야겠다고 생각하며 남편을 설득할 조목들을 메모했다. 남편과 의논하며 이태리 스카프를 수입하여 성공할 수 있는 이유를 설명했다.

첫째, 동대문시장과 남대문 시장에는 이태리 스카프가 없다.
둘째, 파스텔 계열의 컬러와 디자인은 시중에는 전혀 없는 새로운 스카프다.
셋째, 부유한 사람들은 아직도 소비를 하고 있으므로 그들을 타깃으로 판매할 수 있다.

넷째, 우리 가게는 많은 도매 고객을 확보하고 있으니 같은 자리에서 판매한다.

우리 부부는 의견이 일치했다. 꼭 성공한다는 보장은 없었지만 성공할 수 있다는 확신의 힘을 믿었다.

우리는 가이드를 구해 곧바로 이태리로 향했다. 이태리 밀라노 공항에 도착하여 천연대리석 컬러에 매료되어 넋을 잃고 말았다. 천연자원에서 우러나오는 내추럴한 색감에서부터 모든 컬러가 시작된다는 것을 느꼈다. '바로 이것이다!'라는 느낌을 받으며 무조건 성공적일 것이라는 확신을 가질 수 있었다. 이태리 스카프 회사 쇼룸의 신상품 스카프의 디자인들은 한국에서는 볼 수 없었던 디자인으로 나를 완전히 감동시켰다. 컬러와 디자인 모두가 신선함의 극치를 보여주고 있었다.

쇼룸에서 컬러와 디자인을 고를 때 망설임은 없었다. 순간적으로 필이 꽂히는 컬러와 디자인은 0.1초 내로 결정됐다. 이 상품은 팔릴 것이라는 예감이 오면 바로 선택했다. 직접 선택한 상품이기에 성공할 수 있다는 확신을 가질 수 있었다.

이태리 수입 상품은 한국에 도착하여 가게에 풀어 놓는 순간, 대박이 났다.

'물 들어올 때 노 저어라'고 했다. 나는 백화점에서 팔아도 히트칠 수 있다는 자신감이 생겼다. 현대백화점 본점 잡화팀 매니저를 찾아갔다. 잡화팀장 조 과장님을 만났다. 그는 샘플을 제시했을 때, 두말 않고 판매할 수 있는 매대를 결정해주었다. 1층 에스컬레이터 앞이었다. 조과장님의 물건 보는 안목이 탁월했던 것이다. 그때부터 판매를 시작했다. 오픈하는 그날부터 대박을 터트렸다.

고객분들 역시 새로 나온 이태리 신상품 스카프를 한눈에 알아보는 안목이 있었다. 한 장만 구매하는 것이 아니었다. 딸, 며느리, 본인 것 등 보통 서너 장을 구매했다. 착한 며느리는 시어머님, 친정엄마, 자기 것 이렇게 보통 세 개 이상 구매하였다. 우리 매대는 하루 종일 바빴다. 판매원 두 사람이 더 필요할 정도였다. 이렇게 해서 판매한 매상은 작은 매대 하나에서 하루에 600~700만 원! 스카프에서 최고의 매상을 올리며 '스카프 장사의 신'이라는 별명을 얻었다. 이 일을 계기로 일 년에 두세 번은 이태리에 다녀왔다. 이렇게 하여 우리는 가게가 부도나기 일보 직전에 구사일생으로 회생할 수 있었다.

'하늘은 스스로 돕는 자를 돕는다'고 했다. 나는 다각도로 노력했다. 순간적으로 결정할 수 있는 결단력도 있었다. 많은 고난과 시련, 실패 속에서도 끈기를 갖고 극복해낸 의지도 있었다. 장사는 운으로 하는 것이 아니다. 운도 끈기를 갖고 열심히 노력하며 살아가는 사람에게 따라와주는 것이다.

02
스카프 디자인에
도전하다

1984년에 동대문시장에 들어갔다. 1988년 서울 올림픽이 개최되면서 경기는 좋았다. 우리나라는 노동 집약형 산업의 발달로 섬유 제품 해외 수출이 많았다. 수요에 비해 공급 물량이 모자랐다. 우리 동대문시장 매장에서는 수출하는 의류 공장에서 남은 잔량을 구매해 팔았다. 판매 물량이 모자랐다. 어디에서 판매물량을 확보할 수 있을까 고심했다. 당시는 공장에서 제품을 받아야만 판매 물량을 확보할 수 있었다. 직접 제품을 제작한다는 것은 디자인 공부를 많이 해야 되는 과정이기에 엄두도 낼 수 없었다.

"여보! 앞으로는 제품을 직접 만들어야 할 것 같아. 당신이 디자인해서 제품 제작을 한 번 시도하는 것도 좋을 것 같아."

남편은 나에게 말했다.

"내 생각에는 불가능할 것 같은데, 당신도 생각해봐요. 지금은 수출하고 남은 물량이라 원가 이하로 구매해 오는데, 지금 우리가 만들면 판매 가격은 배 이상 될 건데. 그래도 팔릴까? 그리고 나는 제품을 한 번도 만들어본 적도 없고 만들려는 생각도 못 했어서 자신이 없는데…."

우리가 공장에서 구매해 오는 가격은 정상적인 상품원가를 계산하지 않는 가격이다. 로스 분이기 때문에 제품 생산 가격만 받을 뿐이다. 원단이나 그 외에 들어가는 원가는 계산하지 않은 가격이라 매우 저렴했다. 그러나 보세 물량은 한계가 있다. 판매물량이 없어서 못 팔고 있었다.

"당신이라면 할 수 있을 것 같아. 한 번 도전해 봐!"

남편의 말은 맞는 말이었다. 그러나 나는 디자인의 '디'자도 몰랐다. 제품을 한 번도 만들어본 적이 없었다. 과연 할 수 있을까? 며칠을 고민했다. 경험해보지 못한 미지의 세계였다. 갑작스런 변화가 두려웠다. 그냥 이대로 현실에 안주하며 편안한 삶도 나쁘지 않다고 생각했다. 생활고를 견디며 살아 왔었다. 밥은 먹고 살 만하니 이 정도면 부자 부럽지가 않았다.

그러나 기회가 왔을 때 도전해보는 것도 좋을 것 같았다. '실패는 성공의 기회'라고 했다. 실패한다고 해도 얻는 것이 있을 것이다. '그때 한 번 도전해 볼걸' 하는 후회는 없어야 한다. 나는 마음을 굳게 다짐했다.

"그래, 도전해보자! 할 수 있다는 믿음으로 시도해보자."

적극적으로 믿어주는 남편이 있었기에 도전할 수 있는 힘이 생겼다. 나는 곧바로 실행에 옮겼다. 그동안 잘 팔렸던 디자인 3가지를 선정하였다. 그동안 수출하는 공장에서 많은 옷을 구매한 경험으로 봉제공장을 많이 알고 있었다. 어차피 주사위는 던져졌다. 샘플을 들고 씩씩하게 동대문 원단 시장으로 달려갔다. 디자인에 맞는 모티브를 찾아 헤맸다. 비슷한 모티브를 찾았다. 디자인은 수출할 때 잘 팔렸던 디자인으로 원단 소재와 모티브만 달랐다. 샘플을 만들었다. 첫 디자인이 탄생했다.

"우와 대박! 이렇게 멋질 수가!"

주문이 쇄도했다. 제품이 모자랐다. 한 번의 성공이 나로 하여금 자신감을 갖게 했다, 디자인은 많이 팔렸던 디자인을 약간씩 변형했다. 그 다음 동대문 원단시장을 돌며 디자인에 맞는 소재를 선택하여 제품에 들어갔다. 처음에 디자인할 때에는 100장, 200장에서 시작했지만 500장도 불티나게 팔렸다. 〈수미사〉는 아침마다 문전성시를 이루었다.

한 번의 성공은 짜릿했고 나를 행복하게 만들었다. '어쩌다 한 번이겠지' 했던 판매가 계속적으로 이루어졌다. 이에 사기가 충천됐다.

옆의 가게들은 제품에는 엄두도 못 내었다. 한두 장의 제품도 아니고 몇백 장, 나중에는 천 장 이상을 만들었다. 나 자신도 놀랐다. 내가 이렇게 과감할 수 있었던가? 과감한 선택이 오늘의 우리를 있게 했다.

이러한 배경 뒤에는 남편의 지지가 있었다.
"당신 잘하고 있어. 당신은 역시 머리가 좋아. 디자인하는 것마다 모두 히트했어. 당신 장해!"
남편은 나를 격려하며 칭찬을 아끼지 않았다. 칭찬은 고래도 춤을 추게 한다고 했다. 남편의 칭찬에 기분이 좋아져 더 열심히 일을 했다. 남편은 이제와 생각하니 머리가 나보다 훨씬 좋았다. 마누라 일 잘한다고 칭찬하니 물불 가리지 않고 뼈 빠지도록 열심히 일을 해서 돈만 벌었으니 말이다.
남편은 내가 초등학교만 졸업한 줄을 알았지만 나를 무시하지 않고 항상 존중하며 잘 대해 줬다.
"당신은 학교만 못 다녔을 뿐이지 지혜롭고 현명한 여자라는 것을 나는 알아, 그래서 당신을 사랑하고 결혼한 거야."
나는 남편에 말이 항상 고마웠다. 어떠한 역경과 고난도 남편과 함께 했기에 이겨낼 수 있었다. 격려하고 칭찬하며 앞에서 끌고 생각대로 안 될 때는 뒤에서 밀며 서로 컨트롤했다. 우리 부부는 이렇게 서로 끌어주며 손발을 맞추다 보니 마음도 맞았다. 부부가 마음만 맞으면 미안한 얘기지만 장사만큼 쉬운 건 없다.

03
일주일에 한 번 이상 백화점에서 장사를 배웠다

일주일에 한 번 이상 백화점을 찾았다. 하루는 오픈 시간에 맞추어 백화점으로 갔다. 백화점 직원들의 친절한 인사를 받으며 입장하니 고객으로서 대우받으며 신분이 상승된 것 같은 기분을 느꼈다. "이래서 인사를 상냥하게 잘해야 하는구나." 업된 기분으로 백화점에서 즐기듯 돌아다니면서 아이디어를 수집했다.

새로운 아이디어가 떠오르는 날이면 동대문 원단시장으로 곧장 직행했다. 1층부터 5층까지 샅샅이 뒤지며 비슷한 원단이나 장식을 구매하였다. 저녁 식사가 끝나는 동시에 샘플 디자인을 만들었다.
일분 일초도 스카프를 생각하지 않는 시간이 없었다. TV를 보면서도 내용보다는 의상 디자인을 눈여겨보았다. 누구를 만나든 스카프부터 보게 됐다.

  아무리 비싼 옷을 입어도 가격이 저렴한 폴리 스카프를 두르면 겨울에는 정전기가 흐르며 달라 붙는다. 또한 여름에는 흐르는 면이 부드럽지 않고 펄펄 날리게 된다. 그러면 패션 자체가 몽땅 저렴하게 보인다. 옷이 저렴해도 고급 재질의 실크 스카프, 또는 캐시미어 스카프를 어깨 위에 두르면 전체적인 분위기가 고급스러워진다. 그래서 옷보다 스카프가 패션의 우위에 있다고 나의 논문「한글의 조형성을 응용한 실크스카프 디자인 연구」에서도 주장했다.

  늘 혼자서 백화점을 찾았다. 디자인 아이디어를 구상할 때는 혼자가 좋다. 조용히 생각에 젖어 디자인을 그리며 놀기를 좋아한다. 지루할 때쯤, 은은한 커피향이 나를 유혹했다. 백화점 커피는 유난히 맛있었다. 지금도 옛날을 회상하며 커피 한 잔이 생각날 때면 찾아가곤 한다. 친절한 인사와 아름다운 미소, 남들이 갖고 있지 않은 특별한 상품들, 내가 추구하는 모든 것을 가지고 있는 매력적인 곳이었다.

  동대문시장에도 백화점 못지않은 친절함과 색다름이 있어야 한다고 생각했다. 나는 모든 것을 백화점을 따라했다. 친절함은 당연. 교환 반품은 언제든지 해주었다. 이것이 장사의 기본이 아닐까? 장사 계획은 성공적이었다.

  백화점에서 본 은은한 꽃무늬는 고급스러움의 극치였다. 백화점을 돌면서 머릿속에 입력된 디자인 모티브를 가지고 바로 동대문시장으로 달려갔다. 이렇게 노력하여 얻은 아이디어로 수많은 스카프를 만들어 팔았다. 그렇게 하여 나는 서서히 '스카프 제조의 달인'이 되어가고 있었다.

백화점에서 힌트를 얻어 동대문 원단시장에서 상품을 구상하여 판매고를 올렸다. 어떤 장사든 창의적인 변화가 있어야 단골 고객이 늘어난다. 단골 고객이라도 지루함을 기다려주지 않는다. 고객은 언제든 돌아설 준비가 되어 있다. 너무나 많은 상품이 포화 상태를 이루고 있기 때문이다.

아이디어를 어디서 어떻게 얻을지 항상 연구하며 찾아야 했다. 스스로 나아가야 할 길의 방향을 결정하고 발견해야 했다. 나는 학식도 배움도 없었지만, 무식했기에 용감할 수 있었다. 조나단 스위프트는 말했다. "자신이 가진 힘을 아는 사람은 드물다. 땅에서와 마찬가지로 사람 안에도 주인이 알지 못하는 금광이 숨어 있을 때가 종종 있다."

직접 만든 상품은 이상할 정도로 잘 팔렸다. 공부가 하고 싶었다. 누군가에게 배우고 싶었지만 어디서, 누구에게 어떻게 배워야 하는지조차 몰랐다. 시간도 없었다. 장사를 잘하여 돈을 버는 것이 더 시급했다. 그렇게 찾은 곳이 백화점이었다. 최신 패션 흐름을 보고 배울 수 있는 곳은 백화점이 적격이었다. 백화점과 동대문 원단시장을 오가며 패션의 흐름을 읽을 수 있었다. 특히 수입품이 많은 명품점을 많이 다녔다. 그곳엔 다채로운 색으로 디자인된 새로운 물건들이 많았다. 마음껏 둘러보아도 아무 제재도 없고 친절한 백화점이 좋았다.

　백화점에서 디자인 공부를 한 셈이다. 스카프가 아닌 상품들도 스카프의 모티브가 되었다. 접시에 그려진 무늬, 수많은 옷의 색깔, 벽지무늬, 가방, 벽의 그림 등 남이 생각지도 못한 곳에서 디자인 모티브가 흘러나왔고 그럴 때의 구상이 나를 행복하게 만들었다. 상품의 디자인뿐만 아니라 고객도 연구해야 한다. 어느 상품을 좋아하는지 잘 구별해야 한다. 질 좋고 고급을 좋아하는지 싸고 좋은 것을 선호하는지를 구별했을 때 더 많은 단골 고객을 확보할 수 있다.

　현대백화점 본점에서 이태리 스카프 한 장의 발견으로 나는 재기에 성공했다. 그곳에서 스카프 판매의 최고 매출을 올리면서 '스카프 장사의 신'이라는 별명도 얻었다. 스카프로 내게 도움을 준 백화점에 은혜를 갚은 셈이다. 감사함을 잊을 수 없다.

04
장사 DNA
타고 나셨나요?

누구나 좋은 아이디어, 세상에 없는 참신한 아이디어를 머릿속에 떠올릴 수 있다. 다만 자기 자신을 믿지 못하고 의심부터 한다. '과연 이것이 상품이 될 수 있을까? 남들에게 흉잡히지나 않을까?' 하는 의심병이 자신감 결여로 이어진다. 바로 이것이 문제다.

나는 초등학교밖에 못 나왔다. 학력에 대한 열등감이 많았다. 길거리 영어 간판 하나 읽을 줄을 모르니 눈 뜬 장님이었다. 영어 라벨을 읽을 줄 몰라 유명 메이커인 줄 모르고 싸게 팔아 손실을 본 적도 있었다. 귀가 있어도 영어 단어 하나 제대로 알아듣지 못하니 귀머거리나 다름없었다. 말할 줄도 모르니 입이 있어도 벙어리와 다름없었다.

그러나 나는 디자인에는 박사 못지않았다. 오히려 무식했기에 용감했다. 디자인하는 그 순간만은 최고의 디자이너라는 자신감을 가졌다. 디자인을 구상하면서 영감이 떠오르면 바로 샘플을 만들었다. 실패도 했다. 그러나 그중에 하나만 성공하면 샘플 정도는 새발의 피였다. 자신감을 갖고 무엇이든 만들었다.

그 당시 장사하는 대부분의 사람들은 자신이 디자인을 개발해 새로운 것을 개척하여 살아남을 생각은 안 하고 남의 상품을 따라 하기 바빴다. 우리 매장에는 샘플을 구하러 찾아오는 고객들도 많았다. 그것은 잠시는 이익이 될지 몰라도 결국엔 돈이 안 되는 2인자의 자리에서 허덕일 뿐이다.

처음 이태리 수입 스카프는 백화점에만 몇 개씩 걸려 있었기 때문에 귀한 명품 대접을 받으며 수익도 많이 났다. 그러나 이태리 수입 스카프도 3년 정도 판매하다 보니 후발 수입업자들의 무분별한 수입으로 포화 상태를 이루었다. 소비자들은 외면하기 시작했다. 이태리 스카프의 가치가 떨어졌다. 수익률도 낮아졌다. 나는 이태리 수입 스카프의 상품을 줄이다가 결국 수입을 중단하였다.

새로운 개발품으로 무엇으로 해야 할까? 백화점, 갤러리, 청담동을 돌아다녔다. 백화점을 돌아다니면서 전체적인 분위기가 달라졌음을 감지하게 되었다. 이태리 컬러 분위기에서 새로운 모티브가 나타났고 디자인 컬러가 변화했다. 새로운 꽃무늬 모티브는 파스텔 계열의 컬러를 써서 우아한 느낌이었다. 또한 약간의 스팽글이 달려 있는 스커트가 있었다. 저런 원단이 있으면 스카프로 만들어 팔아도 되겠다는 생각이 스쳤다.

백화점에서 아이디어를 얻으면 나는 곧바로 동대문 원단시장으로 달려갔다. 원단 시장에 가면 다음 디자인을 위해 첫 골목부터 샅샅이 뒤지면서 조그만 것이라도 허투루 보지 않고 눈도장을 찍어 놓는다. 종합원단시장 1층 첫 골목부터 돌기 시작했다. 2층 끝 벽에 붙은 매장에 눈에 딱 꽂히는 원단이 있었다. 다이마루로 짠 원단에 스팽글이 3cm 간격으로 박혀 있었다. 컬러는 10가지나 되었다. 빨강, 파랑, 노랑, 초록, 오렌지, 검정, 흰색, 밤색, 베이지, 분홍까지 어느 색 하나 나무랄 데가 없었다. 성공의 가능성이 보였다.

나 자신을 믿었다. 그래도 반응을 보아야 하기에 10가지 컬러를 10마씩 100마를 공장으로 보냈다. 처음으로 원단을 재단하여 판매하려는 시도였다. 2m 길이에 폭 30cm로 재단하여 가늘고 곱게 인타록(박음질 표시가 안 나게 안쪽으로 봉제하는 방법) 쳐서 스카프를 만들었다. 그 당시 원단 원가 1마에 7,000원, 2마 길이에 반을 절개하여 원단 원가는 3,500원, 인타록 500원으로 합해서 원가는 4,000원이었다. 도매가격은 5,000원으로 책정하였다. 원단 100마에 스카프 200장이 나왔다.

새벽 도매꾼들이 모이기 시작했다. 몇 시간도 안 되어 동이 났다. 나는 원단시장에 달려가 한 컬러당 5절(1절은 50마)씩 하고 검정은 5

절 추가하여 55절을 구입했다. 공장에서는 야간작업에 들어갔다. 우리는 야간에 도매가 더 많이 팔렸고 물량이 모자랄 정도였다. 공장 두 군데를 섭외하여 세 군데의 공장을 돌렸다. 판매상들이 서로 달라고 아우성이었다. 나중에는 배급 주듯이 골고루 나누어주었다. 공장에서는 원단을 제때 제작을 못해 제품이 모자라는 지경이었다. 어느 정도 많은 물량이 팔려나갔을 때 나는 다른 디자인을 구상하고 있었다.

고객은 언제든지 돌아설 준비가 되어 있다. 새로운 개발상품이 늦어진다든지 불친절하다든지, 같은 상품이 다른 가게보다 단돈 100원이라도 비싸면 고객은 돌아선다.
이렇게 치열한 경쟁 속에서 살아남으려면 나만의 디자인 노하우가 있어야 한다. 새로운 상품을 지속적으로 개발해야 한다. 나는 일주일에 3개는 기본으로 새 상품을 구상하였다. 어느 때는 하루에 몇 개씩의 디자인 샘플을 만들었다.

스팽글 다음의 콘셉트는 은은한 큰 꽃무늬였다. 러시아 도매업자가 보고는 500장을 주문하였다. 러시아 상인들은 주로 큰 무늬를 선호하였다. 새로 나온 큰 꽃무늬는 계속적으로 주문 받아 러시아 쪽으로도 수출하였다. 그 다음은 반짝이가 들어 있는 호피무늬의 원단을 재단하였다. 겨울을 나고 원단을 체크하여 보니 스팽글을 박은 스카프 40,000장이 판매되었다. 한 장당 1,000원씩 이득이 나니 사천만 원의 이득이 생겼다. 4가지가 히트했다. 4가지 디자인으로 일억 육천만 원을 벌 수 있었다.

고객에게 상품이 선택되어 포장할 때면 스카프에 나의 바람을 전한다. "시집가서 잘 살아야 한다. 소박맞고 다시 돌아오면 안 돼. 행복하게 사랑받고 잘 살아라, 알았지? 사랑해!" 나의 매장에 있는 상품 하나하나가 모두 소중한 나의 자식이다. 밤을 새워가며 연구하고 개발하며 고생할 때는 잉태의 고통이었고, 새 디자인의 상품이 나왔을 때는 새 생명이 태어나는 출산의 기쁨이었다.

평범한 작품이라고 생각되면 무엇이 부족한지 연구하여 본다. 다시 추가하여 염색을 해 보기도 한다. 예쁜 구슬도 달아보고 진주도 달아 본다. 수를 놓아보기도 한다. 이렇게 만들어 보면 세상에서 하나밖에 없는 작품이 된다. 가끔 길에서 예전에 판매했던 스카프를 하고 다니는 고객을 볼 때가 있다. 그럴 때면 나의 귀한 자식들에게 기쁨의 미소를 지어 보낸다.

지금도 동대문 스카프 도매시장에 나가보면 내가 원단을 재단하여 팔았던 디자인을 그대로 따라서 만들어 파는 가게들을 볼 수 있다. 단순하고 혁신적인 방법이 스카프 패션을 변화시킨 것이다. 혁신을 불러일으킨 장본인으로서 한국 스카프 패션 발전에 기여했다는 긍지와 자부심을 느낀다.

남들은 나에게 "장사 DNA 타고 나셨나요?" 하며 물어본다. 새로운 디자인으로 유행을 주도할 수 있었던 힘은 매일을 스카프에 집착하며 고민했던 시간과 노력에서 나왔다. 어떤 일이든 마음먹고 달려들면 안 되는 일은 없다.

05
내 가게의 장점을 최대한 살려라

일본에서 성공한 '돈키호테'라는 마켓이 있다. 제품이 너무 많아 도대체 무엇부터 사야 할지 모를 정도라고 한다. 그 매장은 특이하게도 상품이 정리 정돈이 안 되어 있고 창고 개방형으로 되어 있다. 고객이 고르는 재미를 느끼게 해주는 데 목적이 있다고 한다. 높이 있는 상품은 사다리를 타고 올라가 꺼내오는 광경을 인터넷으로 볼 수 있었다. 매장에는 상품이 규칙 없이 쌓여 있다. 인테리어도 신경을 쓰지 않는다. 자신이 원하는 물건을 찾으려면 많은 시간이 있어야 한다. 비싼 인건비를 줄이고 찾는 재미도 주면서 고객에게 싸게 제공하는 전략이다.

우리 〈수미사〉도 '돈키호테'처럼 많은 상품과 다양한 디자인이 쌓여 있다. 많은 수출 물량을 사 들였기에 행거에 걸거나 옆에 상자에 넣어놓으면 손님들이 와서 뒤집어놓으며 고른다. 원피스, 블라우스, 재킷, 스커트, 팬츠 등 여성의류의 종류가 다양했다. 우리가 호황을 누리던 1988년 올림픽이 열리는 해를 선두로―그 당시에는 보세 옷의 수출 물량이 많았다―트럭으로 몇 차씩 실어오면 가게마다 꽉꽉 들어찼다. 행거가 많은 물량을 견디지 못하고 휘어지는 바람에 특수 제작하여 사용했다.

〈수미사〉는 초기에는 삼면이 막힌 구석진 곳의 아주 볼품없는 가게였다. 꾸준한 노력으로 3년 만에 3칸으로 넓힌 다음에 많은 물량을 쌓아놓고 팔 수 있게 되었다. 매장이 넓어지면서 많은 고객을 확보할 수 있었다. 수출 의류였기에 외국에서도 많은 고객이 왔다. 멀리 남미에서도 대량으로 구매하러 왔다. '고진감래'라고 했던가. 너무나 행복했다. 눈을 뜨면 감사의 기도가 절로 나왔다.

그 당시에 수출했던 디자인은 '리즈 클레이본', '앤 클라인', '웅가로' 등으로 세계적인 메이커들이 우리나라에서 만들어져 나갔다. 시장에서는 볼 수 없었던 특이하고 멋진 디자인과 다양한 컬러가 많아 고객들이 찾아내는 즐거움도 있었다. 다양한 디자인의 샘플이 섞여 있었기에 특이하고 멋진 디자인을 고르기 위해 우리 매장에는 항상 손님이 만원이었다.

우리 매장에 오는 고객들은 패션을 좋아하며 옷에 관심이 많은 사람들이었다. 패션을 연구하는 디자이너도 있었다. 디자이너들은 보세의류의 새로운 디자인과 섬세한 바느질 등을 보며 더 발전할 만한 것을 연구하려는 이유로 찾아왔다. 보세 수출의류는 입었을 때 실루엣이 아름다웠다. 라인이 살아 있었다. 미국 백화점에서 비싸게 판매하는 명품들이었기에 인텔리들이 먼저 그것을 알고 선호하였다.

그 당시에는 외국 메이커를 아는 사람들은 최고의 인텔리였다. 우리 매장에 찾아오시는 고객 중에는 정치인의 사모님부터 교수, 주한 외국인 부인 등 단골이 많았다. 외국을 다녀본 고객들도 많았다. 수출의류는 우리나라의 바느질이 최고였기에 미국의 유명한 백화점에는 '메이드 인 코리아'가 떳떳하고 자랑스럽게 붙어 있었다. 그래서 외국을 왕래하던 고객들이 우리나라 보세를 좋아했다. 보통 사람들은 외국 나가기가 무척 힘들었던 당시에 특수층 사모님들은 외국 나들이를 하며 미국 백화점에서 우리나라에서 만들어 나가는 상품이 어마어마한 비싼 가격에 판매되는 것을 알았기에, 우리 매장에서 싼 가격으로 상품을 구매하였던 것이다. 외국에 가본 적 없던 우리는 판매하는 상품이 외국 백화점에서 비싸게 팔리는 명품인 줄 전혀 모르고 싸게 팔기도 했다. 사람은 무엇이든 배우고 외국으로 여행도 가서 보고 배워야 한다는 이치를 깨달았다.

보세 의류를 전문적으로 판매하면서 외국인들이 문전성시를 이루었다. 외국인과의 잦은 접촉으로 간단한 영어는 구사할 수 있게 되었다. 그들의 대화를 귀담아 들으면서 나는 영어 공부를 할 수 있었다. 유창한 영어 구사는 잘 안 되어도 그들의 원어민 영어 발음을 들을 수 있었다. 덕분에 지금도 외국인에 대한 두려움이나 떨림 같은 것은 없다.

날씬한 멋쟁이들에게는 옷을 더 많이 입어보게 했다. 고객들은 같은 고객의 입장에서 입어보며 서로 의논하며 구매했다. 자신의 몸매에 자신 있는 고객들이 판매원이 되어 많이 팔아주었다. 자신들이 입어보면서 선택하니 반품도 거의 없었다. 고객들은 옷을 구매하기 위해서 왔지만, 서로 사귀기도 하며 즐기면서 옷을 구매했다. 나는 함께 하면서 돈도 벌고 사람들도 사귀니 일거양득이었다.

그 당시에는 친구들은 우리 매장의 모델이 되어서 매일 출근하다시피 나와서 장사를 해주었다. 제일 못 사는 나에게 친구들은 돈도 빌려주고 판매도 해주며 많은 도움을 주었다. 영원히 잊지 못할 친구들이다. 지금도 만나면 늘 즐겁고 행복하다. 없을 때 도와준 친구들이기에 항상 믿고 만난다. 지금도 만날 때마다 〈수미사〉의 모델을 하면서 즐겁고 행복했던 그때를 그리워한다.

한창 장사가 잘 되었던 때 모델이 되어 주던 40대 초반의 친구들은 지금은 70대 초반이 되어 있다. 인생무상이라고 했다. 이렇게 나이를 먹을 줄은 당시에는 꿈에도 상상 못 했던 일이다. 친구들은 지금도 모델이 되라면 충분히 할 수 있을 것이다. 늘 즐겁고 행복하게 살아서인지 아직도 건강한 모습으로 매달 만나서 맛난 음식을 먹으며 조잘대고 즐거운 인생을 살아가고 있다.

우리 매장에 오는 고객들은 모두가 모델이고 판매자였다. 고객끼리 서로 입어보고 평가하며 골랐다. 말이 없던 고객도 아름다움을 가꾸는 대열에 서면 자연스럽게 대화를 할 수 있었다. 대화하면서 서로를 알게 되고 감성이 같은 사람들끼리 어울렸다. 일본 '돈키호테' 매장처럼 물건을 많이 쌓아놓고 팔았기에 고르는 재미도 있다고 했다. 마음 놓고 뒤지며 고를 수 있는 환경을 만들었다. 상품이 많이 있었기에 가능했다. 보물을 캐어내듯이 멋진 디자인을 골랐을 때는 희열을 느끼며 좋아했다. 망해도 나는 살아남는 전략을 짜내었고 내 가게의 장점을 최대한 살렸다. 그 결과 많은 고객을 확보했고 부를 이룰 수 있었다.

06
'순희체'를 활용해
한글의 아름다움을 담은 스카프

생각지도 못했던 대학 입학이라는 기적 같은 일이 일어났다. 너무나 큰 영광에 가슴이 설레었다. 무엇으로 보답할 수 있을까? 궁리 끝에 결국은 내가 제일 잘 알고 잘 할 수 있는 스카프 디자인으로 보답하기로 했다. 세계적으로 인정받은 우리 한글의 우수성을 널리 알리는 것이 사회에 공헌할 수 있는 길이라고 생각했다. 위대한 한글의 조형적 아름다움을 디자인하여 스카프에 접목하여 우리나라는 물론 전 세계에 널리 알린다면 이보다 더 행복하고 보람된 일은 없을 것이다.

우리 한글은 유네스코 기록 문화유산으로 등재되어 있다. 소설 『대지』의 유명한 여성작가 펄벅은 한글은 가장 단순하며 가장 우수한

글자라고 칭송하였다. 세종대왕은 한국의 '레오나르도 다빈치'라고 일컬어진다. 세종대왕을 어찌 다빈치에 비교할까마는 디자인 측면에서 그렇다는 말이다. 사람은 행복 속에서는 행복을 느낄 수 없듯이 우리는 한글의 위대함을 잘 느끼지 못하고 있다. 글자가 있으므로 우리는 우리의 역사를 이어갈 수 있었다.

나는 나만의 한글 글자체를 만들기로 하였다. 구상하는 데 일 년 이상이 걸렸다. 그렇게 하여 '순희체'가 탄생하였다. 「한글의 조형성을 응용한 실크 스카프 디자인 개발 – 순희체를 응용하여」라는 제목의 석사 졸업 논문을 쓰고 스카프 제작에 들어갔다. 한글 순희체를 응용하고 화려한 색채를 활용하였다. 60여 장의 스카프 디자인을 개발하였다. 한글은 세계로 진출하기 위한 좋은 디자인의 아이템이 되었다. 한글은 조형의 아름다움이 있다. 사방 어느 쪽으로 디자인해도 아름다움이 나타난다. 한글의 우수성을 입증하면서 동시에 나만의 디자인을 개발하여 개성적이고 조형적인 한글 디자인의 멋을 증명하였다.

졸업 논문 전시회를 통하여 판매도 많이 했다. 전시회는 성황리에 마쳤다. 남과 똑같이 해서는 남과 똑같아진다. 나만의 디자인만이 살아남는다. 그래야만이 세계 진출까지 꿈을 꿀 수 있다. '순희체'는 나의 혼이 스며들어간 나의 분신 같은 존재다. 앞으로도 새로운 디자인을 연구 개발하여 외국에도 진출할 예정이다.

07
확신의 힘을
믿어라

시간 나는 대로 동대문시장을 둘러보며 돌아다녔다. 다니다 보면 보이는 것마다 모두 돈으로 보였다. 어느 것 하나 스카프 소재가 되지 않는 것이 없었다. 그동안은 실크 전문으로 스카프를 개발하여 많은 매상을 올렸었다. 실크 스카프가 서서히 뒷걸음치고 있을 때, 다이마루 수출 원단을 싸게 구매할 기회가 생겼다. 스카프를 만들면 히트 칠 수 있을 것이라는 확신을 믿으며 원단을 구매하였다.

새로운 디자인을 구상할 때면 패션 잡지, 월간잡지를 수없이 본다. 인터넷에서 패션쇼하는 영상도 본다. 유행의 흐름을 느끼기 위해서다. 그러나 '소 볼 사람 소를 보고, 말 볼 사람 말을 본다'고 한다. 같은 것을 보아도 관점에 따라 해석하는 것도 다르다. 아무리 히트 칠 수 있는 품목을 알려주어도 자신이 마음에 들지 않으면 못 하는 것이다. 오너나 디자이너의 취향에 따라 디자인도 달라지는 것을 느낄 수 있었다. 직접 디자인하여 만들었던 상품들이 매번 히트 칠 수 있었던 비결은 매장의 오너이며 디자이너와 판매자, 세 가지를 겸비했었기에 가능했다.

3m 이상 되는 목도리를 땅에 끌리도록 워킹하는 패션쇼를 본 적이 있었다. 나는 원단도 많았다. 도전해 보기로 했다. 3m 길이의 다이마루 단색 목도리를 만들었다. 인터넷 쇼핑몰에서 대박을 터트렸다.

대박을 터트리려면 상품 공급의 분배도 잘 해야 한다. 한 회사에서 잘 팔리면 다른 곳에서 와서 사다가 조금 싸게 판다. 그러면 잘 팔던 집도 손해를 본다. 두 집에서 팔면 많이 팔릴 것 같지만 희귀성이 떨어지면서 상품의 가치도 하락한다. 그래서 상품이 나오면 한 곳으로만 밀어주어야 오래 갈 수 있기에 가급적이면 한 곳으로 집중적으로 밀어준다. 그렇기에 히트를 칠 수 있었다.

아무리 좋은 디자인의 상품도 팔다 보면 유행이 지나간다. 특히 스카프는 유행에 민감한 편이다. 3m 길이의 단색 스카프가 재고로 쌓였었다. 나는 재고가 쌓여 있는 사무실에서 재고를 어떻게 소진시킬까를 연구하다가 좋은 아이디어가 생각났다. 재고를 이용한 새로운 디자인이 개발되었다. 3m 검정 롱 목도리와 회색 롱 목도리를 반으로 자른 다음 언밸런스로 박아서 이중색이 나오게 만들었다. 단순한 방법이었다. 마름모꼴로 재단하여 만들기도 했다. 리사이클링이 되었다. 판매가 다 되어 재고가 모자랐다. 새 원단으로 다시 만들어 대박이 났다.

조금만 비틀어서 박으면 새로운 디자인이 탄생한다. 무엇이든 하고자 하면 안 되는 일이 없었다. 원단을 가지고 소꿉장난하듯 이리저리 붙여도 보고 묶어도 보고, 잘라도 보고 하면 어떤 디자인이든 나오기 마련이다. 신나고 재미있는 일이 아닌가.

디자인이 삐뚤어지게 만들건 비틀어 만들건, 개성시대니 주인이 있기 마련이다. 디자인에는 정석이 없다. 내가 만들면 그게 바로 새로운 디자인이다. 나는 디자이너다, 하는 사명감을 느껴라. 자신감이다. 단 한 번만 자그마한 것부터 성공해보자. 그 성취감에 다시 도전하게 될 것이다. 그러나 나는 전혀 못 할 것이라는 자기 비하하는 마음가짐은 이미 지고 있는 것이다.

"나는 지금이라도 자신 있다. 히트 칠 수 있는 상품을 만들어낼 수 있다."

자기 자신을 믿는 확신의 힘을 가져야 한다. 확신은 곧 힘이 되기 때문이다. 패션 디자인, 스카프 장사를 하고 싶으면 지금이라도 당장 원단시장으로 달려가라. 가서 마음에 드는 원단을 사다가 바느질하라. 시장에는 바느질을 해주는 곳도 있다. 종합원단 시장 5층에 가면 수천, 수백 가지 액세서리가 다양하게 많다. 구슬도 달고 징도 박아볼 수 있다.

시장에는 돈이 널려 있다. 먼저 가져가는 사람이 임자다. 동대문 원단 시장은 모두가 '황금 밭'이다. 눈을 크게 뜨고 찾아보면 보일 것이다. 원단에 수도 놓아보고 스팽글도 달아보고, 구슬, 쇠붙이, 유리, 글씨, 리본, 핀, 방울, 진주, 갖은 보석들을 활용해도 좋다. 원단 종합시장에는 없는 것이 없다.

실크 백단으로 새로운 디자인 모티브 만들어보라. 다양한 컬러의 물감을 스펀지에 묻혀 원단에 찍어보라. 하나밖에 없는 멋진 새로운 패션 디자인 스카프가 된다. 페인트 염료로 문양을 찍어도 된다. 모두가 나의 작품이 된다.

나는 무늬가 있는 재고 스카프에 단색 스카프 두 장을 박아서도 팔았다. 면, 레이온을 찢어서 끝이 너털너털한 빈티지로 만들어서도 팔았다. 주위를 둘러보면 전부 디자인이다. 동대문에서는 옥석을 가리는 눈만 있으면 모두가 돈이다. 내가 좋아하는 것을 찾아라. 그것은 일을 하는 것이 아니다. 즐기는 것이다. 즐기다 보면 돈은 저절로 따라 온다.

원단에 자수도 놓아보아라. 동화시장에 가면 수놓는 곳도 많다. 스팽글도 달아주고 구슬도 달아 준다. 멋진 그림 다 찍어 준다. 티셔츠에 박아도 된다. 찍어보라. 멋진 스카프가 된다. 스카프 디자인을 내 주위에서 찾아라. 자르고, 비틀고, 꿰매기도 하고 꼬이고 하고 붙이고 풀고, 찢기도 하면서 즐겨라. 무언가 새로움에 도전하라. 레이스도 달고 단추도 달아라, 단추 덤핑 사다 달면 원가는 얼마 들지 않는다. 새 디자인을 구상하라.

"원단을 손으로 찢어라."

실이 너덜너덜 풀리면서 빈티지 목도리가 된다. 얼마나 재미있는가.

"비틀어서 박아라."

울퉁불퉁 아무렇게 묶은 듯 멋스러움이 나타난다.

"꽈배기 틀듯 비틀어라."

꽈배기 목도리가 된다.

"면도칼로 원단을 그어라."

사용할 때마다 올이 조금씩 풀어지며 빈티지로 팔려 나간다.

주위를 둘러보면 전부 디자인이다. 누가 하던 어떤 것을 만들건 모두가 신상 디자인이다. 자신감을 갖고 하고 싶은 대로 마음껏 펼쳐 보면 디자인이 나올 것이다. 오직 나만이 만들 수 있는 유일무이한 디자인을 만든 것이다. 이 세상에 단 하나뿐인 디자인이 된 것이다. 그러면 당신은 이미 디자이너 서열에 서 있다. '확신의 힘'을 믿어라. 믿는 자에게만이 행운이 찾아오는 것이다. 열심히만 말고, 즐기며 만들어라. 모두가 팔려나간다. 이렇게 즐기는 장사를 해라.

2장

미안한 얘기지만
장사처럼 쉬운 건 없다

01
동대문 장사를
결심하다

　동대문에서 장사를 시작하기 전의 일이다. 남편은 두 번의 회사 부도로 완전히 실의에 빠져 있었다. 무기력해진 남편은 아무것도 하지 못했다. 원래 말이 없고 조용했던 나였다. 남편보다 먼저 실의에 빠져 있었다. 남편을 원망했다. 소용이 없었다. 그 다음은 가난에 찌들어 사는 부모님을 원망했고 모든 것을 남의 탓으로 돌렸다. 그것도 소용이 없었다. 그 다음은 지지리도 가난하게 태어난 나의 팔자타령을 했다. 굶기를 밥 먹기보다 더 했던 초등학교 시절과 초등학교를 졸업하자마자 각종 공장일과 식모살이까지 했던 기억들이 떠올랐다. 생각하기조차 싫었다. 우울증까지 겹쳤다. 스스로를 원망하며 나 자신을 죽이고 있었다. 아침이면 눈뜨기가 너무 싫었다. 그렇게 허무하게 보낸 세월이 십년이었다.

그러다 어느 날 깔깔대며 까르르 웃는 세 아이들 목소리에 눈을 떴다. 아이들 머리 위에 십자가에 매달린 예수님상과 두 손 모아 기도하시는 성모님이 눈에 들어왔다. 아! 그래 나에게는 든든한 하느님이 계셨지. 순간 정신이 번쩍 들었다. 저 세 아이들, 나의 분신들. 내가 책임져야지, 지금 내가 뭐 하는 짓이야.

'그래, 어려서부터 지금까지 가난에 찌들었던 내 팔자를 바꾸어 보자.'

'다시 일어설 수 있게 남편의 지팡이가 되자.'

우울증에 빠져 있는 것 자체가 사치스러웠다. 어려운 상황에서는 남자보다 여자가 더 강했다. 엄마는 더 강했던 것이다. '내가 왜 이러고 있는 거야. 뭐 하자는 거야. 나의 분신인 아이들과 먹고 살아갈 궁리를 해야지. 정신 차리자!' 나는 벌떡 일어났다. 생각이 바뀌니 세상이 달라 보였다.

"하느님 저를 도와주세요. 성모님 저를 위하여 빌어주세요."

나는 벌떡 일어났다. 정신을 차리니 무엇이든 할 수 있겠다는 자신감을 느꼈다.

"나는 무엇이든 할 수 있다."

립스틱을 화사하게 바르고 입 꼬리를 올리며 웃음 띤 얼굴로 길을 나섰다.

끼니가 없어도 누구한테도 내색하지 않았다. 구차하게 보이기 싫었다. 나는 이를 악물었다. 내 힘으로 이 가정을 살려보자. 분명 길이 있을 것이다. '하느님 저에게 아이들 세 끼 밥 먹일 수 있는 일을 구해주십시오. 뼈가 가루가 되도록 일을 하겠습니다.' '성모님 저를 위하여 기도하여 주세요.' 걸으면서 간절한 기도는 이어졌다.

남양동 굴다리 지나기 전 고개를 돌리는 순간, '아줌마 구함'이라는 전단지가 보였다.

"이곳이 나의 일자리구나."

그곳은 나를 기다리고 있었다. 이렇게 해서 설렁탕집에서 일을 하게 되었다. 그날부터 나는 설렁탕집 카운터를 보면서, 청소도 하며 주인 할머니보다 더 열심히 일했다. 설렁탕집을 할 수 있을 것이라는 주인의식으로 일을 했다. 출근은 제일 먼저하고 퇴근은 제일 늦게 했다. 주인 할머니는 월급을 다달이 올려주었다. 아이들에게 세 끼 밥을 먹일 수 있어서 좋았다. 그러나 몇 달이 지나자 설렁탕 냄새에 머리가 아파 다른 직업을 찾기로 했다. 월급을 더 주겠다고 붙잡았지만 두통은 참을 수 없었다.

나는 북아현동에 있는 새벽시장에서 조그마한 아동복 가게를 열었다. 장사는 잘 되었다. 더 열심히 하면 밥은 걱정 없이 먹고 살 수 있겠다는 희망으로 하루도 쉬지 않고 열심히 장사했다. 새벽이면 동대문으로 그날 팔아야 할 물건을 사러 다녔다. 처음으로 제일 많은 돈을 세어보았다. 즐거웠다. 돈 세어보는 재미도 있었다.

노동이란 신성했으며 살아가는 의미와 행복을 주었다. 희망이 샘솟는 기쁨을 주었다. 삶이 이렇게 180도 변화할 수 있는 것에 감탄했다. 마음먹기에 따라 행복, 불행, 희망, 절망, 기쁨, 좌절, 이 모든 것을 바꿀 수 있다는 사실을 확인할 수 있었다.

마음의 여유가 생기며 희망의 나날을 보내고 있을 때, 남편의 초라한 모습이 눈에 들어왔다. 아침이면 내려와 셔터를 올려주고 저녁이면 내려와 셔터를 내려주는 셔터맨이 되어 있는 남편의 뒷모습, 저 초라한 뒷모습이 바로 나의 모습이란 생각을 하게 되었다.

'남편과 함께 일할 수 있는 동대문시장으로 나가자.'

나는 다음 날 바로 부동산에 가게를 내놓았다. 장사가 잘되었기에 바로 나갔다. 이렇게 해서 우리는 바로 동대문시장에 진출할 수 있었다. 원래 얌전하고 말이 없던 나였건만 어떻게 그런 생각을 했으며 행동에 옮길 수 있었는지 지금 생각해도 너무나 기특하다. '시련은 또 다른 나를 만나는 시간'이라고 나폴레온 힐은 말했다. 나는 시련을 만나면서 시련을 극복할 수 있는 또 다른 힘이 생겼다. 시련을 극복하며 자신감을 갖게 되었다.

02
물건을 공급해주는 고객도 중요하다

　서른여덟 살에 어떤 계획이나 전략도 없이 남편과 함께 무작정 동대문시장에 뛰어들었다. 장사할 줄도 모르고 경험도 없어서 무엇으로 어떻게 해야 할지 고민이 많았다. 당시에 사업에 실패한 사람들이나 생계형으로 먹고 살아야 하는 사람들이 상품 가격이 제일 저렴한 동대문시장으로 몰려들었다. 동대문시장에는 장사한다고 신고하는 곳도 없었고 건물주에게 한 달 임대료만 주면 아무 물건이나 팔 수 있었다. 세금 내는 곳도 없었다. 그렇기에 장사의 경험도 없는 사람들이 뛰어드는 곳이었다. 대부분이 의류 수출품 여분으로 남은 로스분이나 아니면 클레임 당한 상품들을 싸게 구매해 판매하는 것이 고작이었다.

동대문시장에 입주하여 구석 코너 안쪽에 가게를 열었다. 양 옆과 뒤가 다 막힌 막다른 가게였다. 그때는 매장이 하나 생겼다는 기쁨만으로 좋고 나쁜 자리를 구분하지 못했다. 처음 시작할 때부터 아무런 준비도 없었다. 품목 선정도 없었다. 무조건 부딪쳐보자는 생각이었다. 판매할 상품은 매장 인수하며 물려받은 상품이 전부였다.

처음 매장을 오픈하면서 옆 가게 물건도 구매하여 팔았다. 옆 가게에서 새로 들어오는 상품이 맘에 들면 웃돈을 주고 사서 이익을 붙여 판매했다. 먼저 장사를 시작한 그 사람들은 공장을 많이 알았기에 조금만 남기고 우리에게 넘겨주면 다시 이익을 붙여 팔았다.

처음에는 비싸게도 사고 팔리지 않는 물건을 구매하기도 했다. 소위 바가지 쓴다는 얘기다. 바가지 쓰고 구매한 상품은 반 이상의 손해를 보며 팔았다. 손해를 보며 시장의 흐름을 배울 수밖에 없었다. 수업료 내는 셈 치는 것이 마음이 편했다. 짧은 밑천은 반 토막이 되었다.

한 가지 상품을 구매하여 장사하다 보면 어떤 상품은 장사가 잘되어 배 이상 이익이 나는 것도 있었다. 매일매일 희비가 교차되며 하루는 웃고 하루는 우는 날의 연속이었다. 어렵사리 구한 짧은 밑천을 손해 본다는 것은 나의 피와 땀을 허무하게 잃는 가슴 아픈 일이었다. 아픈 만큼 장사의 배움도 뼈저리게 빨리 와 닿았다. 그러다 보니 판매할 상품을 보는 눈을 정확한 감각으로 키울 수 있었다. 우리 시장의 분위기에 맞는 보세 의류를 선택하기까지 약 일 년의 시간이 걸렸다.

시간이 흐르면서 사람을 많이 알게 되었다. 공장을 물색하여 샘플을 가져와 물건을 소개하는 중간 소개인도 알게 되었다. 그분들은 물건을 소개하고 물량이 많을 때는 장당 100~200원 정도의 소개비를 받았다. 수출 물량이라 많을 때는 몇 천 장, 몇 만 장이 넘을 때도 있었다.

가게를 가지고 장사하는 사람들은 갑이었고 중간 소개인은 을이었다. 가게에 앉아 있는 사장들은 당연히 큰소리치며 물건을 사고 있었다. 앉아서 하는 장사는 배짱도 부릴 수 있고 안 팔리면 다음 고객이 오면 팔 수 있다. 그러나 찾아다니며 서서 하는 장사는 마치 구걸 같고 안 사주면 초라함을 느낄 수 있다. 그래서 남편은 언제나 중간 소개인들에게 친절했다. 그냥 지나가도 커피를 사주었고 못 팔아줘서 거절을 할 때도 기분 상하지 않게 더욱 친절을 베풀었다. 중간 소개비도 후하게 주었다. 그분들은 남편의 친절에 감동하였고 판매할 상품이 나오면 우리 가게로 먼저 가져왔다.

물건을 사가는 고객만이 최고는 아니었다. 물건을 공급해주는 고객이 더 중요하였다. 물건이 있어야 판매를 하는 것이다. 우리 가게는 좋은 상품들이 포화 상태로 쌓이기 시작하였다. 많은 고객들이 고르는 재미로 찾아왔다.

03
장사는 신뢰와 믿음을
바탕으로 해야 한다

동대문시장에서의 장사는 총성 없는 전쟁터였다. 그래도 바로 옆에 붙어 있는 매장과는 친하게 지내고 있었다. 남편들은 자주 만나 술 한 잔씩을 나누면서 앞으로 잘 살아갈 길을 모색하며 이웃으로서 식구처럼 친하게 지내고 있었다.

그러나 얼마 되지 않아 옆 매장에서 우리와 똑같은 품목을 구매해서 팔고 있었다. 황당했다. 아무리 법과 질서가 없다고 해도 상도의가 있거늘, 친하게 지내는 바로 옆 매장과 같은 것을 판매하는 행위를 이해할 수 없었다.

수출 물량이 많다 보니 겹치는 일들이 비일비재했지만 옆 매장에 똑같은 상품이 있으면 서로 피하는 것이 상도의였다. 물론 몇 푼의 돈을 더 벌기 위해서 같은 품목을 고집하는 상인들도 있었다. 그러면 다툼이 벌어지기도 했다. 아무리 먹고 살기 힘들어도 상도의는 지키자고 생각했다.

우리는 옆 매장을 그냥 무시해버리기로 했다. 그들은 우리에게 말도 못 붙였다. 본인들이 부담스럽기도 했고 미안하기도 했을 것이다. 우리는 그럴수록 더욱 보란 듯이 여유 있고 당당한 모습으로 열심히 장사만 했다.

몇 달이 지났다. 옆 매장 사장이 남편에게 만나자고 했다. 그는 장사가 적성에 맞지 않아 그만두려고 하는데, 자신들의 가게 2칸을 인수하고 재고 물량까지 인수했으면 좋겠다는 말을 전했다. 이렇게 금방 그만둘 줄은 몰랐었다.

남편은 마음이 들떴다. 우리 가게는 매장이 구석에 있었기에 입지적으로 불리했다. 바로 옆이라면 우리가 구상하던 매장이었다. 재고 물량도 우리가 판매하면 되었다. 우리는 가격을 후하게 지불하고 세 칸으로 늘리면서 시장에서 제일 큰 매장을 가지게 되었다.

우리는 급하고 쪼들려도 이웃가게를 저버릴 만큼 여유 없게 장사하지 않았다. 장사는 신뢰와 믿음을 기본으로 해야 한다는 것을 몸소 느끼고 배웠다.

어느 날은 실크 원단 한 롤이 필요했다. 오래 거래했었던 매장에 가격을 물으니 일 야드에 만 원이라고 했다. 보통 50마가 감겨 있다. 그래서 나는 오십만 원을 준비해 가지고 갔다. 그런데 요즘 원단 값이 올라서 천 원씩을 더 달라고 했다. 새로 온 젊은 직원은 팔지 말라고 하고 있었다. 사장은 중간에서 옥신각신 하며 파네, 안 파네 하고 있었다. 몇십 년을 거래해왔다. 많이 살 때는 몇백만 원, 몇천만 원도 거래했었다.

한 번 입에서 나온 말이면 말에 대한 책임을 져야 하지 않을까? 나는 장사하면서 실수로 가격을 잘못 말할 때도 있다. 그러나 사람이 말을 했으면 책임을 지는 것이 장사하는 사람의 기본이며 신용이다. 나는 손해 보면서도 말에 대한 책임을 지기 위해 손해를 보며 판매한 적도 있다. 천 원을 더 받는다고 해도 오만 원밖에 안 되지만 기분이 상하고 있었다. 나는 여태 이런 식으로 살아오지 않았다. 이중으로 말하는 사람은 신용이 없는 것이다. 종업원에게 휘둘리며 끌려다니는 모습이며 주관이 없는 사람하고는 거래를 하고 싶지가 않았다. 마음이 변했다. 다음에 또 이런 일이 없으란 법도 없다.

"알겠습니다. 이 원단 사지 않겠습니다."

나는 바로 나와버렸다. 뒤에서 나를 부르고 있었다. 못 들은 척하고 와버렸다. 다시는 거래를 하지 않았다.

35년 동안 장사를 하면서 말 한마디에 그 책임을 다 해야 했다. 신용을 지키기 위해 손해를 감수하며 신용을 지켜왔다. 장사를 하려면 신뢰가 있어야 한다. 신용이 있으면 재물은 저절로 따라왔다. 그래서 신용이 곧 돈인 것이다.

04
이제 내 마지막 길은 장사다

갖은 고생 끝에 부자가 되어 잘 사는 주위 사람들을 보면 남다른 것이 있다. 그들은 자신에 대한 사치에는 단 몇 푼도 허용하지를 않는다. 돈을 벌기가 어렵다는 것을, 또 돈의 가치를 알기 때문이다. 그들 중에는 진정한 돈의 가치를 알기에 통 크게 자선을 베푸는 사람도 있다. 그 사람들을 닮고 싶다고 생각한다.

이제 내 마지막 길은 장사라고 생각했다. 동대문시장에서 일어나지 못하면 우리는 이대로 도태되는 것이라고, 항상 마지막이라고 생각하며 최선의 길을 모색하기로 했다. 그래도 눈앞에 보이는 순간적 이익에만 매몰되지 않았다. 고객이 오면 팔려는 생각보다는 우리 매장을 찾아주는 것만으로도 고마워했다.

동대문시장에 들어와 장사하면서 우선 식생활이 해결되자 내 자식만큼은 고생하지 않도록 공부를 제대로 시켜야겠다는 굳은 결심이 섰다. 자식을 위한 일이라면 무엇이든 해야 했다. 그렇게 되려면 우선 돈을 모아야 했다. 한 푼의 낭비도 있을 수 없었다. 그렇기에 내가 믿는 것은 오로지 장사밖에 없었다. 이 길만이 나의 마지막 길이라는 각오를 하며 열심히 뛰기로 했다.

나는 여기서 쓰러져 죽는 한이 있어도 일어나야 한다는 각오로 일했다. 여기 바로 이곳이 내가 살아야 할 곳이다. 오직 이 길만이 나의 길이라는 생각을 하니 단 하루도 빠지지 않고 열심히 살지 않으면 안 되었다. 아이들 소풍가는 날은 오전에 따라갔다가 점심만 함께 먹고 매장으로 달려왔다. 내가 놀아야 할 곳은 바로 우리 매장인 것이다. 점심도 시켜서 먹었다. 자리를 비우면 나를 보러 왔던 단골들이 허전해하며 돌아갈 것 같아서 잠시도 자리를 비우지 못했다.

장사를 시작하면서 아이들한테 미안했던 때가 많다. 갑자기 비가 쏟아지던 날, 다른 엄마들은 우산을 받쳐 들고 아이들 데리러 학교로 달려가건만 나는 가게에 매달려 발만 동동 구르며 비가 그쳐주기를 간절히 바랐다. 나는 데리러 갈 수 없었다. 잠깐이라도 자리를 비우면 고객이 왔다가 다시는 안 올 것 같았다. 나도 단골손님으로 가는데 매장에 주인이 없으면 사지 않고 오는 경우가 있었기 때문이다. 단 한 분의 고객도 소중했다. 마침 친척이 우리 일을 도와주고 있었다. 나는 친척에게 얼른 가서 아들을 데려오라고 했다. 그는 알았다고 하고서는 갈 생각을 안 하고 장기만 두고 있었다. 학교 어느 구석에서 비가 그치기를 기다릴 어린 아들을 생각하며 얼마나 마음을 졸였는지 나도 모르게 눈물이 흘러 내렸다. 마침 남편이 들어오다가 깜짝 놀라며 이유를 물었다.

"원이 데리고 오라는데 안 가고 장기만 두고 있네요."

나는 눈물을 닦으며 말했다. 남편은 화를 내며 아들을 데려오라고 친척을 보냈다. 지금 생각해보면, 택시타고 가서 데리고 오면 될 것을 어찌 그리 생각이 없었을까? 그만큼 당시 나는 너무나 절박했다. 빚을 얻어 나왔으니 하루도 편한 날이 없었던 것이다. 이곳이 아니면 살아날 길이 없겠다는 생각에 한 순간도 자리를 떠날 수 없었다. 내 목숨줄이었던 매장을 비울 수 없었다.

나는 아침잠이 많은 편이다. 일찍 일어나 하루 종일 고객과 대화를 하는 것에는 엄청난 에너지가 소비된다. 너무 피곤했지만 어떻게든 잘 살아봐야겠다는 결심으로 매일 이른 시간에 몸을 일으켰다.

나만의 원칙을 가지고 일했다. 철저하게 자기관리를 했다. 난 매일 새벽 6시에 일어나서 하루 일과를 시작했다. 지금도 늘 새벽 6시에 일어난다. 감사의 아침 기도를 마치고 하루 일과를 시작한다. 게으르면 성공할 수 없다. 또한 건강 관리를 하지 않으면 아무것도 할 수 없다. 결국에는 체력 싸움이다. 일주일에 세 번은 스트레칭과 단전호흡을 주로 하는 국선도를 8년째 하고 있다. 스스로 이겨내기 위해 시작한 운동이다.

이렇게 강한 신념을 갖고 생사를 걸고 일했기에 오늘의 우리가 있다고 생각한다. 그렇게 일한 덕분에 우리도 부자가 될 수 있다는 꿈을 이뤘다. 강인하고 굳건한 나의 굳은 신념은 감기 몸살조차도 들어 올 수 없었다. 35년을 장사하며 공부까지 했다. 나이가 들어 서울과학기술대학교, 대학원까지 7년이라는 긴 세월을 학교에 다녔어도 앓아서 누운 적이 없다. 단 하루도 빠지지 않고 학교에 개근했다.

재작년 여름방학 때 나는 척추 협착 수술까지 받았다. 방학을 시작하면서 수술을 시작하여 개학까지 몸을 추스르고 개강하면서 아무도 모르게 허리 보조대를 차고 다녔다. 수술한 후 2년이 지나도록 조그만 아픔도 없다. 수술하기 전에는 걸을 수조차 없을 정도로 통증이 심했다. 모든 것을 포기해야 할 만큼 삶의 의욕이 떨어질 정도였다. 나는 꼭 나을 것이라는 굳은 믿음을 가졌다. 그때문인지 수술 후에 고통은 거짓말처럼 감쪽같이 사라졌다. 고통에서 벗어난 내 몸은 날개 돋친 듯 가벼워졌다. 이 행복은 어디에도 비길 데가 없었다. 다시 장사에 몰입할 수 있었다.

나의 굳은 신념은 단 하루도 가게를 비우지 않는 것이었다. 절박한 환경에서도 잘 견디어왔기에 '인내력의 고수'가 되었다. 이렇게 애를 쓰며 노력한 것은 나의 마지막 길이 오직 장사였기 때문이다. 그 생각이 어떤 고난과 고통도 이겨낼 수 있게 하였다.

05
미안한 얘기지만
장사처럼 쉬운 건 없다

　장사의 성공은 오로지 자신의 힘으로만 되는 것은 아니다. 남이 보기에 많이 팔린다고 해도 몇 달 못 가서 부도가 나는 가게가 있는가 하면 못 판다고 울상을 하면서도 오래도록 장사를 하는 가게도 많다. 겉과 속이 다른 것이 장사의 실체다. 그래서 내 사업을 남이 판단할 수는 없는 것이다. 얼마만큼의 이익이 남느냐가 문제다. 적게 팔아도 이익이 많으면 실속이 있다. 그러나 많이 팔면서 이익이 없으면 통만 커져 씀씀이만 커질 뿐이다.

　동대문시장에서 돈을 모은다는 것은 그리 쉬운 일은 아니다. 많은 시행착오를 거치면서 오랜 시간을 공을 들여야 한다. 처음에 아무것도 모르면서 시작한 장사는 재고가 쌓이면서 밑천이 바닥이 날 지경에 이르렀다.

"장사가 안 돼서 큰일 났네…"라고 걱정하자 남편은 말했다.

"당신 다른 사람한테는 절대 장사 안 된다고 말하면 안 돼, 알았지? 안 될수록 잘된다고 해야 해. 그래야 돈도 들어오고 남들도 돈을 빌려주는 거야. 장사 안 된다고 하면 돈을 빌려준 사람도 빌려간 자기 돈 달라고 할 거야."

남편은 나에게 다짐을 받았다.

"그러니 허투루 장사 안 된다는 말하지 말아."

속은 타 들어갔다. 어찌하면 좋을까? 이 난관을 어찌 헤쳐나갈 수 있을까? 이때부터 억지미소를 발휘하게 되었다. 미소 짓기를 의도적으로 연습해야 했다. 돈에 쪼들리고 하루 종일 장사를 하다 보니 체력이 바닥났다. 그러니 짜증이 날 수밖에 없었다. 저절로 인상이 일그러지고 있었다. 이런 인상으로는 손님이 들어올 수 없을 것 같았다. 일부러 입 꼬리 올리는 연습을 하기 시작했다. 입에 경련이 나도록 몇 날 며칠을 연습했다. 연필을 입에 물고 입 꼬리를 올리기도 했다.

속은 시커멓게 타고 있는데 입 꼬리를 올리려니 쉬운 일은 아니었다.

"이것이 돈이 들어오는 길이다. 알았지, 순희야! 계속 입 꼬리를 올리고 웃음을 지으며 있어야 한다."

돈이 들어오는 행동은 무엇이든 하고 있었다. 어깨가 축 처져 힘이 없어 보이는 모습은 복도 희망도 없어 보였다. 등이 굽어 힘이 없는 걸음걸이는 인생을 다 산 것 같았다. 힘 있어 보이기 위해서 반듯하게 걷는 연습을 하였다. 지푸라기 한 올이라도 잡고 싶은 심정이었다. 그만큼 절박했다.

　계속된 연습으로 걸음걸이는 희망에 찬, 도전적이고 반듯한 모습이 되었다. 로사 형님은 나를 볼 때마다, "나 잘났소, 하며 걷는 걸음걸이가 도전적으로 보여 좋다!" 하시며 허리를 펴고 따라서 걸음 연습을 하셨다. 그렇게 연습을 하니 어느 정도 미소 띤 웃는 모습이 자연스러워지기 시작했다. 모든 것이 연습이 필요하다는 것을 절실히 느낄 수 있었다. 서서히 행운도 다가오고 있었다. 웃음 띤 얼굴과 친절에 고객이 몰리고 있었다. 일이 서서히 풀리고 있는 것을 느낄 수 있었다.

　"장사 잘되시나요?" 장사하는 사람들은 얼굴을 마주 치면 하는 인사말이다.

　"네, 잘됩니다." 나는 활짝 웃어 보이며 인사를 했다. 장사 잘되냐고 물어보면 거의 대부분의 가게들이 "요즘 장사 잘되는 집이 있나요? 장사 안 돼서 죽겠어요." 한다. 그러면 죽을 일만 생기는 것이다. "살겠다, 살겠다" 해야 살아난다. 말이란 말하는 대로 이루어지는 것을 느꼈다. 그렇게 해서 〈수미사〉는 장사 잘되는 집으로 소문이 났다.

　"〈수미사〉는 장사가 그렇게 잘된다면서요. 무얼 그렇게 많이 파나요?"

"네, 여러 가지 다양하게 있어요. 아름다운 미소와 행복을 팔지요."

속은 타들어 갔지만 그래도 소문이라도 좋게 나서 좋았다. 얼마 지나지 않아 논현동에 융자와 보증금을 안고 삼천만 원을 가지고 집을 사게 되었다. 소문은 더 크게 났다. <수미사>는 스카프 장사해서 논현동 빌딩을 샀다는 소문이 나면서 장사가 잘되어 갑부가 되었다고 소문이 났다.

소문이 나면서 고객은 더 많아졌다. 주위에서 <수미사>에 많은 관심을 갖고 있었다. 나는 그럴수록 입 꼬리를 올리며 미소를 잃지 않았다. 아침이면 주위에 커피를 돌리며 인심을 후하게 썼다. 소문이 나면서 장사는 서서히 살아났다. 주위에서는 돈 얘기를 하면 서로 빌려주었다. 이렇게 해서 우리는 일어날 수 있었다.

장사가 안 된다고 매일을 징징 짜는 사람들이 있다. 그러면 들어오던 복도 달아나버린다. 우리는 맨손으로 시작해 성공하였다. 하루하루 피를 말리던 때도 있었다. 마른하늘에 날벼락이 쳐 죽을 고비도 넘겼다. 돈을 많이 벌었다는 소문으로 세무감사도 받았다. 35년이라는 세월 속에 온갖 경험을 하면서 살아나온 것이 기적 같다.

지난 세월을 돌이켜보았을 때, 돈을 버는 것은 미안한 얘기지만 무척 쉬운 일이다. 미리 장사에 대한 연구를 하며 공부했다면 말이다. 아무 경험도, 사전에 어떤 조사도 없이 순간순간 판단해서 대처하다 보니 힘든 일이 많았다. 우리는 맨땅에 헤딩하듯 실전에서 맞부딪치며 살아왔다. 덕분에 이제 어떤 장사든 자신감을 갖고 할 수 있다.

요즈음은 컨설팅해주는 회사도 많다. 주위 상권을 분석하는 유동인구 조사라든지, 앞으로의 전망이라든지, 같은 품목이 얼마나 있는지 등을 조사 분석해주는 회사도 있다.

그 주변에 맞는 품목과 가격 그리고 디자인을 잘 관찰하여 갖추어 놓으면 얼마든지 고객을 확보할 수 있다. 그리고 항상 잘되는 것처럼 여유 있게 행동하는 것이다. 일종의 권모술수다. 장사 안 된다고 울상을 하면 장사는 더 안 되고, 돈 빌려달라고 할까봐 남들이 다가오지 않는다. 언제나 웃는 모습으로, 이미 성공한 것처럼 행복한 미소를 띠어야 한다.

동대문시장에 들어간 지 5년 정도 되었을 때 사람들과 어울리게 되었다. 화장을 하지 않고 머리를 흐트러뜨리고 다니는 매장 주인들이 있었다.

"그런 모습으로는 우리 매장 앞에 지나가지마! 그렇게 인생을 다 산 사람처럼 살아가면 될 일도 안 돼. 그리고 나는 아름답게 꾸민 사람을 좋아해. 열심히 살아가며 도전적이고 긍정적인 느낌이 들거든." 나는 화장을 안 하고 추레하게 하고 다니는 것을 싫어했다.

상품을 판매하는 직장인으로서 단정한 모습은 고객에 대한 예의다.

"저 오늘은 립스틱 바르고 멋있게 하고 왔어요. 지나가도 되나요?"

그가 어제와는 다르게 멋지게 하고 나타났다.

"그래, 너무 멋지다. 우리 시장 돈 다 긁어모으겠는걸."

그 다음부터 사람들은 립스틱을 바르고 일부러 우리 가게 앞을 지나다녔다. 그러면서 시장은 밝아졌고 활기가 넘쳤다. 축구회도 조직되면서 남편이 회장이 되었고 나는 부녀회 회장이 되었다. 함께 웃고 우는 동료가 되어 장사의 노하우도 나누고 단체로 야유회를 하며 놀러 다녔다.

"교수님 오늘 강의 부탁드려요" 하면, 부녀회원들을 모아놓고 삶의 지혜를 나누며 함께 잘 살아갈 수 있는 꿈을 꾸었다.

"우선 돈이 들어오는 화장법부터. 피부는 윤기가 흘러야 운이 좋다고 합니다"라는 말로 시작하여 항상 웃는 모습으로 지내야 장사도 잘된다는 비법도 전수해주었다. 야유회를 가면 밤을 새우며 이런 이야기들로 이야기꽃을 피웠다.

'장사는 언제나 잘되는 것처럼 행동하라.'

이것은 장사꾼들의 철칙이다. 이미 장사가 잘되어 부자인 것처럼 행동하면 마음도 즐겁고 희망적이게 된다. 남도 부러워한다. 어느새 갑부가 되어 있었다.

06
때와 장소를 알아보는 안목이 필요하다

새로 나온 신상품이라고 해서 판매가 잘 이루어지는 것은 아니다. 신상품의 가치를 알아주는 장소를 잘 만나야 하고, 고객의 공감도 얻어야 판매의 효과를 볼 수 있다. 유명한 디자이너가 동대문시장 상가에 매장을 오픈했었다. 그 디자이너의 의류는 최고의 원단과 최고의 바느질로 만들어졌지만 무조건 최고라고 해서 잘되는 것은 아니었다.

유명한 패션 디자이너였기에 그 가게는 처음 가게를 오픈했을 때 구경하는 사람들이 많았다. 새로운 콘셉트의 디자인과 고가의 옷으로 무장한 매장에 호감이 많았다. 그러나 그 가게는 일 년도 안 되어 문을 닫았다. 너무나 앞선 패션과 비싼 가격은 고객들에게 외면당했다. 때와 장소를 잘못 선택했다.

지금 동대문시장은 높은 가격에도 잘 팔리는 시장으로 형성되어 있다. 그때만 해도 동대문시장은 유행이 늦었다. 그리고 비싼 가격으로 형성되어 있지 않았다. 현재는 시장의 트렌드가 바뀌어 여성 패션의류가 최고의 재질을 써서 최고의 가격으로 판매되고 있다. 장사가 잘되는 시장으로 소문이 났다.

장사를 오래 하다 보니 시장의 흐름을 읽을 수 있었다. 강남에서는 화려하고 멋진 패션이 인기 있는 반면, 강북은 모노톤의 은은하고 고상한 컬러를 선호했다. 지방은 튼튼하게 바느질된 메이커를 선호했다. 서울 사람들은 옛날부터 서울깍쟁이라는 별명이 있듯이 싸면서도 좋은 것을 잘 골라서 사는 경향이 많았다.

내가 취급했던 보세 의류도 외국인이 많이 모이는 이태원이나 용산 미팔군 부인들이 많이 사는 곳에서 팔았기에, 즉 그 가치를 알아주는 사람과 장소를 잘 선택했기에 잘 팔렸던 것이다. 국내에서 제작하는 사장들이 선호하지 않았던 보세 원단과 디자인이나 컬러가 나의 감성에는 맞았다. 제품 제작을 하면서도 '나라면 이것을 살 것이다'라는 신념으로 그 많은 보세 원단을 구매하여 상품을 만들었다. 만드는 대로 히트 품목으로 팔려 나갔다. 장사를 시작할 때는 사람을 끌어당길 수 있는 요소가 충분한 장소인지 알아보는 안목이 필요하다.

07
가장 지치고 힘들 때
어떻게든 버텨라

70년이라는 인생을 살다 보니 인생살이가 날씨와 똑같다는 것을 느낄 수 있다. 맑고 청명한 날도 있고, 비가 와서 흐린 날도 있다. 도저히 앞으로 나아갈 수 없이 맞바람이 얼굴을 때리는 날도 있다. 마른하늘에 날벼락 치듯 생각지도 않았던 IMF 외환위기를 맞았다. 갑작스러운 날씨와 똑같았다.

바람 불고 폭풍우가 치는 겨울날은 손님이 전멸이다. 무더운 여름에도 시장은 너무 조용했고 휴가철에는 더 심했다. 비가 많이 내리면 고객들은 전혀 나오지 않았다.
장사 시작한 지 얼마 안 된 때였다. 장사는 안 되었다. 짧은 밑천은 재고에 다 묻혀 있었다. 그날 그날을 어떻게 하든 버텨야만 했다. 날

씨에 따라 울고 웃는 인생이 되어 있었다. 내일 일기예보를 보며 '폭우가 내린다는데 내일 하루를 어떻게 버틸까?', '내일은 폭설이 내린다는데…' 하며 근심 걱정하며 지내고 있었다.

"여보, 장사는 안 되고 이자는 나가야 하고 어떻게 하지." 걱정이 되어 남편한테 푸념을 했다.

"걱정 말아, 내가 다 책임져. 당신은 열심히 장사만 하면 돼. 물건이 없으면 걱정이겠지만 물건이 많은데 무슨 걱정. 곧 팔릴 거니까 걱정하지 마."

빈말인 줄 알지만 위로가 되었다. 남편의 말에 편히 잠을 잘 수 있었다. 가장 힘들고 어려울 때 버틸 수 있는 것은 부부밖에 없었다.

돈을 빌리려면 이자를 주어야 했다. 기존에 빌린 돈이 있었기에 어떻게 하든 남의 돈은 될 수 있는 한 안 빌리려고 애를 쓰고 있었다. 그러나 돈이 쪼들리니 애가 타고 장사는 더 안 됐다. 이대로는 안 되겠다 싶을 때 친구에게 천만 원을 빌렸다. 일단 쪼들림이 없으니 마음이 푸근했다. 열심히 팔아서 이자주고 장사하며 갚으면 될 것이라고 믿으니 마음이 놓이며 장사에 몰입할 수 있었다. 그렇게 힘겹게 버티어온 세월이 3년이 되었다.

우리는 수출하는 많은 물량을 저렴하게 구입했다. 같은 디자인, 같은 컬러의 원피스는 보통 한 디자인에 사이즈가 0, 2, 4, 6, 8, 10, 12, 14, 16, 18로서 10가지가 나왔다. 보통 한 사이즈가 200~500장이나 되었다. 몇 개의 디자인만 구매해도 2, 3만 장이 되었다. 큰 트럭으로 실어오고 있었다. 그 당시에 보통 한 장당 3,000원 정도였다. 보통 많을 때는 큰 거래에서 몇천만 원의 거래가 이루어졌다. 그 당시 아파트 거래 값이 3, 4천만 원이었다.

물량이 많았기에 창고가 필요했다. 창고세보다 임대가게가 더 저렴했다. 우리는 임대가게 3개를 창고로 쓰고 있었다. 창고 앞의 가게 사장이, 가게를 팔고 나가야 하는데 가게가 안 팔린다고 우리한테 사라면서 매달렸다. 임대 가게는 두 개가 붙어 있었으며 가격은 한 칸에 700만 원씩 1,400만 원이었다. 우리는 물량이 많았기에 도와주는 셈치고 그 임대가게를 창고로 사용하기로 했다. 벌려놓은 것이 많았기에 돈은 여전히 쪼들렸다. 아파트도 융자금으로 샀고 가게도 매일 찍는 일수로 구입했기에 매일 같이 나가는 돈을 막으려니 정신이 하나도 없었다. 곗돈을 붓고 목돈을 타면 빚을 갚으며 세월이 어떻게 돌아가는지 정신을 차릴 여유조차 없이 보냈다. 어떻게 하든 열심히 장사하며 이자를 갚으면서 버텼다. 정신없이 살다 보니 세월이 어떻게 지나갔는지조차 몰랐다. 오로지 빚을 갚아야 한다는 일념뿐이었다.

어느 날, 바로 아래 동생한테서 전화가 왔다.

"언니! 언니네 가게가 10칸이라면서? 가게 하나에 일억이라면서? 언니 그럼 언니는 10억 넘는 재산가네. 언니 언제 그렇게 부자가 됐어?"

"그게 무슨 소리니? 누가 그래?" 나는 황당했다. 돈에 쪼들려 빚을 갚아가며 힘겹게 살아가고 있건만 이게 뭔 소리람?

"내 친구가 언니네 가게 소문을 들었대."

그 당시에 일억이라는 빚이 있었기에 정신없이 살았다. 억이라는 숫자에 억하고 기절할 노릇이었다. 남편과 나는 장사에 무지했다. 싸다는 이유로 수출하고 남은 폴리에스터 원피스를 트럭으로 구입했다. 그것을 보관할 창고가 필요했기에 창고세보다 싼 임대가게를 매입했다. 많은 물량을 유지하기 위해 돈을 돌려 막느라 세상이 어떻게 돌아가는지조차 몰랐다.

"여보! 이게 도대체 무슨 소리야."

"글쎄, 이게 뭔 소리야? 당신 부동산에 가서 물어봐, 헛소문이겠지. 우리가 돈을 많이 벌었다는 소문은 많이 났어. 우리는 늘 장사 잘된다고 소문을 냈으니까."

아는 부동산을 찾았다. 가게 시세를 알아보았다.

"사장님! 요즘 우리 상가 임대가게가 얼마나 하나요?"

"왜요, 가게 파시게요? 〈수미사〉 가게는 위치도 좋고 하니까 한 칸에 일억씩은 충분히 받을 수 있지요."

나는 순간 기절할 뻔했다.

아니? 어째 이런 거짓말 같은 사실이 일어날 수 있단 말인가!

남편한테 이야기하며 동생의 말대로 소문이 사실이었다는 것을 알았을 때, 이제는 긴장을 풀면서 살아도 되겠구나 하는 생각이 들면서 온몸에 맥이 쫙 풀리는 것을 느꼈다.

저녁에 퇴근하며 돌아오는 길 옆의 가로수에 단풍이 빨갛게 물들어 있었다.

"여보! 저 단풍 좀 봐. 정말 아름답다!"

"당신, 그 단풍이 이제 보여? 우리 이 길을 십 년 이상 다녔어, 그동안 당신 수고 많았어. 이제는 마음 놓아도 돼. 우리는 이제 큰 걱정은 없어. 내가 언젠가 말했지. 빚도 재산의 일부라고. 빚이 큰 재산이 되어 있잖아. 이제 가게 하나 팔아 빚 갚으면 돼."

"여보 무슨 소리야. 팔긴 왜 팔아 벌어서 갚아야지."

함께 울고 웃는 남편이 있었기에 서로 의지하며 힘들 때 함께 버텨왔다. 열심히 성실하게 살아온 우리에게 또 다른 황당한 기쁜 소식이 전달되었다. 어느 날 갑자기 우리 가게 옆으로 벽을 허물고 문이 생기면서 제일 안 좋은 구석자리였던 우리 가게가 한 순간에 최고의 일등 자리가 된 것이다.

하루하루를 뒤돌아볼 틈 없이 정신없이 열심히 살아 왔다. 가장 지치고 힘들 때 어떻게든 버티며 견디며 살아 왔다. 숨을 고르기 위해 뒤돌아보니 열심히 살아온 우리에게 돈이 따라오고 있었다. 사람이 돈을 따르는 것이 아니라 돈이 우리를 따라왔다.

3장

〈수미사〉의
고객 감동 서비스

01
손님을 끌어당기는
분위기를 만들어라

동대문시장에 들어올 때 '나도 한 번 잘 살아보자, 내 팔자 한 번 바꾸어보자'고 개선장군처럼 남다른 각오를 하고 왔지만 무엇을 어떻게 해야 하는지 엄두가 나지 않았다. 동대문시장의 장사는 금시초문이라 단골도 없었고 고객도 없었다. 그렇다고 접객의 접자도 모르고 손님 올 날만 기다릴 수는 없었다.

처음 들어온 동대문시장은 낯설었다. 고객들에게 말을 걸기조차 어려웠다. 옆집 가게의 시선들이 느껴졌다. 젊은 여자가 얼마나 견딜 수 있을까 하는 우려의 시선을 느낄 수 있었다. 이대로만 있을 수만은 없었다. 잘 살려고 왔으면 노력이 필요했다. 무엇이든 부딪쳐 봐야 했다.

중간 상인이 여성용 실크 블라우스 200장을 구매하라고 들고 왔다. 한 장에 삼천 원이었다. 손해를 보든 이익을 보든 부딪쳐봐야 했기에 무조건 샀다. 육십만 원을 주고 구매한 블라우스는 곧잘 판매가 되었다. 고객이 기웃거리는 것만으로도 좋았다. 처음 고객을 대했을 때는 말 걸기가 어색했지만 노력해보자는 생각으로 최선을 다했다.

고객을 접하려면 고객에 대한 공부를 해야 한다. 우리 매장에 찾아오는 이유는 무엇인가? 우리 매장이 다른 매장과 다른 것은 무엇인지 찾아보고 오너가 몸소 느끼며 차별화시켜야 한다. 요즘은 장사도 철학이 있어야 하고 스토리가 담겨 있어야 한다. 공부를 하지 않으면 발전할 수 없는 시대가 되었다. 매장에 들어오도록 유도하는 디스플레이도 공부한다. 올해의 유행 컬러를 중심으로 분위기를 바꾸어 손님이 매장에 반할 수 있도록 꾸며 놓아야 한다. 고객이 들어왔을 때 사고 싶은 충동을 일으킬 수 있도록 디스플레이를 해야 한다. 탁자나 의자도 편안해야 한다. 고객들을 감성으로 이끌어 안정감을 느끼게 해야 한다.

막무가내로 시작한 장사였다. 재고는 쌓여갔고 돈은 돌아가지 않았던 경험이 있다. 귀동냥으로 얻어 들은, '고객은 왕이다. 친절해라'는 것이 전부였다. 나는 실전에서 부딪치며 배워나갔다. 경제라든지 마케팅이라든지 철학은 우리 장돌뱅이들한테는 '소 귀에 경 읽기'였다. 그냥 하루하루 생계를 이어가며 살아가는 것만이 우리에게는 중요한 일이었다.

　나름대로 머리를 써보았다. 어떻게 해야 많은 고객을 확보할 수 있을까? 정보를 어디서 어떻게 찾아야 할 줄도 몰랐다. 찾을 엄두도 못 내었다. '그냥 부딪쳐보자. 내가 고객이 되어 다녀보자. 그러면서 좋은 점, 나빴던 점을 적어보고 좋은 것은 배우고 나쁜 것은 고쳐서 내 것으로 만들어보자.' 이렇게 생각했다.

　시장을 돌아보며 연구했다. 그 당시에는 호객 행위가 성행했던 시기였다. 판매하지 못하면 뒤통수에 대고 비꼬는 판매원도 있었고 교환하러 오면 웃돈을 더 받고 교환해주기도 했다. 시장은 싸우는 사람들로 항상 시끄러웠다. 나는 차근차근 적어 내려갔다. 절대 해서는 안 되는 행위 등 수십 가지를 메모했다. 현장 실습을 하듯이 내가 고객의 입장이 되어 옳은 상행위는 무엇인지 고객이 좋아하는 것은 무엇인지를 확인했다. 실전에서 배우며 경험으로 장사를 했다.

"동대문시장 커피 맛을 평가해보세요, 아주 별미입니다."
　손님이 오면 차부터 시켰다. "동대문시장 커피 별미입니다." 차 한 잔의 효과는 매우 컸다. 커피를 받은 손님은 특별한 서비스를 받았다는 만족감에 행복함을 느낄 수 있으며 매장에 머무르는 시간이 길어지면서 또 다른 고객을 불러들인다. 아무도 없는 매장에는 누구나 멋쩍어서 선뜻 들어가기 쉽지 않다. 커피를 마시며 담소를 나누면 다른 고객이 편하게 들어올 수 있는 환경이 만들어진다. 손님이 한 사람이라도 있으면 들어가기가 수월하기 때문이다.

커피 한 잔을 나누면서 고객의 장점을 찾았다.

"어쩜 그렇게 피부가 좋으세요. 백설공주는 못 보았지만, 백설공주 피부 같아요."

"목소리가 아름다우세요. 성우 하셨으면 성우 쪽에서 성공하셨을 것 같아요."

"손이 너무 예쁘시네요. 제 손을 보세요. 제 손은 이렇게 크고 못생겼답니다."

"코가 복코시네요. 복이 많이 들어오는 재복의 상징이지요."

"머리 어디서 하였어요. 스타일이 아주 멋지세요. 미용실이 어디에 있습니까? 저도 스타일을 한번 바꾸고 싶어서요."

"키가 커서서 너무 멋있으시네요. 저는 키가 작아서 키가 크신 분을 보면 참 부럽습니다. 그런데 제가 처녀 때는 작은 편은 아니었거든요. 그런데 지금은 작은 편이 되었어요. 좋으시겠어요."

사람마다 각자 장점이 있다. 칭찬을 찾으려면 끝이 없었다. 처음에는 이러한 대화도 할 줄 몰랐으며 아부하는 것 같은 느낌이 아닐까? 하는 생각을 했다. 창피하기도 하고 쑥스럽기도 했다.

그러나 어느 날, 고객이 나를 칭찬하는 것이었다.

"어쩌면 그렇게 예쁘고 날씬하세요, 비결이 무엇일까요? 저 좀 알려주세요."

칭찬을 듣는 순간, 기분이 몹시 좋았다. 기분이 업되는 것을 느꼈다. 그 고객에게 더욱 친절했으며 가격도 더 싸게 주었다. 그 고객은 물건을 싸게 살 수 있었으며 기분 좋은 관계를 만들었다. 구매자의 입장에서 판매하는 사람과 편하게 이야기하며 상품도 저렴하게 살 수 있는 방법을 알았던 것이다.

바로 이 방법을 바꾸어 나의 고객에게 적용하기로 했다. 처음 시도는 멋쩍었고 부끄러워 힘이 들었다. 그렇게 망설이고만 있었다. 그런데 정말 모델 같은 멋쟁이가 들어왔다.

"우와, 멋있습니다. 엄마, 아빠 두 분이 키가 크셨나 봐요."

"아니요, 엄마는 작았어요. 아빠를 닮았답니다."

"아, 네, 그렇군요."

"우리 언니는 작아요. 그래서 언니는 늘 불만이랍니다."

이렇게 대화를 시작하며 자연스럽게 물건을 고르고 권해 주며 편안한 분위기에서 장사를 할 수 있는 분위기가 조성되었다.

한번 말문이 트이면서 자연스럽게 고객의 장점을 찾아낼 수 있었으며 고객에 대한 칭찬의 대화는 단골로 이어졌다. 이렇게 연구하여 고객 관리를 철저히 했을 때 장사가 저절로 잘되는 것을 느꼈다. 동대문시장에서 장사를 하며 고객과의 대화에서 많은 것을 배웠고 고객과 공감했을 때 장사는 절대 배신하지 않는다는 것을 느꼈다.

동대문시장에 오면 우선적으로 우리 매장부터 들르는 단골손님들이 점점 많아졌다. 우선 커피 한 잔 마시며 담소를 나누면서 즐거운 시간을 보냈다. 고객이 상품을 사기도 하고 때에 따라서는 함께 상품을 판매하면서 즐겁게 일을 할 수 있는 분위기가 조성되었다.

고객도 함께 디자인에 동참시키면서 고객으로서 디자인에 공헌했다는 자부심도 심어주었다. 장사하는 것이 아닌 함께 즐길 수 있는 분위기를 조성하다 보니 우리 매장에는 늘 단골손님들로 북적거렸다. 많은 고객으로 인해 점심 먹을 시간조차 없었다. 매장 안에서 점심을 해결했다. 점심으로는 빨리 먹을 수 있는 설렁탕이 제격이었다. 국물이 있었기에 먹기가 쉬웠고 소화도 잘되었다. 고객도 많았고 돈을 만지는 맛에 피곤하지 않았다. 많은 고객을 코디하면서 감각적인 노하우들이 쌓였다. 매장을 고객의 쇼룸으로 활용하여 스카프와 어울리는 옷을 코디해주며 패션쇼를 하였다. 고객에게 어울리는 스카프를 찾는 것에 자신이 생겼다.

우리 가게는 점점 고객으로 넘쳐났다. 지금도 매장에 나가면 30여 년 전부터 단골이었던 고객들이 찾아오신다. 그분들과 차 한 잔을 마시며 그때 나왔던 원단이며 무늬들이 너무 멋있었다며 옛날을 회상한다.

그 다음은 고객의 소리를 들어주는 것이다. 세월이 흐르며 나이가 들면서 희로애락의 삶이 삶의 지혜로 바뀌어 가는 것을 느낄 수 있었다. 고객들과 친해지면 고객들이 고민을 털어놓기도 한다. 친구들이나 친한 사이에 못 하는 이야기를 아무 관련이 없는 나에게는 다 얘기하는 것이다.

그럴 때는 잘 들어주며 그 사람이 무슨 대답을 듣고 싶은지를 감지해야 한다. 예를 들면 남편의 흉을 볼 때 나도 같이 흉을 본다면 고객을 잃게 된다. 돌아가면서 "네 신랑은 얼마나 잘났냐?" 하며 발을 끊을 것이다. 그럴 때는 "그만 한 신랑감이 어디 있어요" 하면서 남편의 칭찬을 해주는 것이 예의다. 고객들의 말을 들어 주는 것만으로도 그들의 마음이 후련해지는 것을 느꼈다.

장사를 하다 보면 때론 고객을 웃기는 코미디언도 되었다가, 인상을 보며 기분이 좋고 나쁨을 구별하는 관상가가 되기도 해야 한다. 이렇게 고객이 찾아올 이유를 만들었다. 이렇게 하니 많은 손님들이 우리 가게로 모이고 있었다.

또한 우리 가게에 찾아오는 고객들에게는 언제든지 입어볼 수 있도록 배려를 했다. 입어 보는 공간을 만들었고 거울도 날씬하게 보이는 멋진 것으로 설치했다. 남다른 방법으로 안락하고 편안한 공간에 아방궁을 만들어 단골 고객에게 제공해 주었다.

나는 장사를 시작하면서 끊임없이 연구했다. 실제적인 현실에서 배우는 것이 더 가슴에 와닿았다. 많은 사람들과의 마찰을 통해서 그 유형을 세밀하게 관찰하였다. 판매하면서도 그냥 아름답다는 추상적 표현보다는 그 고객에게 어울리는 구체적인 핵심 포인트를 집어 주었다. 고객이 만족한 모습으로 즐거워하며 자신에게 잘 어울리는 상품의 가치를 느끼게 해주었다.

스카프를 아름답게 둘러주고, 고객이 공감하며 스카프를 선택했을 때 나 역시 행복감을 느낀다. 이렇게 함께 즐기며 공감하면 지루할 새가 없다. 고객 역시도 마음 놓고 패션쇼를 하며 구매할 수 있어서 매우 만족해한다. 그렇게 되면 다시 시간만 나면 우리 아방궁을 찾아서 모이는 것이다.

  고객의 마음이 편안한 것이 가장 중요하다. 편안하게 쉴 수 있는 안락함도 쇼핑의 중요한 요소다. 스카프와 같은 의류 제품의 쇼핑은 여유로워야 한다. 고객이 대접받는다는 느낌을 주어야 한다. 쇼핑을 할 때만큼은 고객이 여왕이나 공주가 되게 해야 한다. 나는 이렇게 하나하나 연구를 하며 고객이 찾아올 수 있는 이유를 만들어 놓았다. 이로써 우리 가게는 행복이 넘치는 가게가 되었다. 내면의 마음도 읽어 낼 줄도 알아야 한다. 30여 년 장사를 하며 많은 사람들을 상대하다보니 자연히 관상가가 된다.

  고객의 우울한 마음을 알아보고 따뜻한 커피를 대접하고 그의 말이나 고민을 귀 기울여 듣고 공감했을 때, 고객은 편안함을 느낀다. 그 고객이 단골로 이어짐은 물론이다. 접객의 접자도 모르면서 손님 올 날만 기다리지 말고 고객이 들어올 수 있는 분위기를 조성해야 한다. 고객의 마음을 알아주며 공감할 수 있다면 판매와 감성의 두 마리 토끼를 잡을 수 있다.

02
과연 당신은
제대로 장사하고 있는가?

　백화점을 돌다 감색과 흰 줄무늬와 빨간색의 메이커 T셔츠가 남편에게 잘 어울릴 것 같아서 구입했다. 산뜻하고 경쾌해 보이는 디자인과 컬러에 남편은 흡족해했다. 몇 번을 잘 입고 다녔다. 그러나 처음 한 번의 드라이클리닝으로 팔 한 짝이 길게 늘어졌다. 나는 디자인을 하고 있었기에 왜 한쪽 팔만 늘어지는지 금방 알 수 있었다.
　원단에는 경사와 위사가 있다. 위사는 가로지르는 실이고 경사는 세로로 놓이는 실이다. 원단에는 앞과 뒤, 위와 아래가 있다. 이것을 정확하게 확인한 다음에 재단을 해야 한다. 재단하기 위해서는 원단을 재단대 위에 여러 겹을 포개어놓는다. 재단을 할 때 위아래를 제대로 확인하지 않고 한 장을 거꾸로 펴 놓으면 원단의 방향이 바뀌어 팔이 늘어지는 옷이 나올 수밖에 없다. 또는 원단을 아끼기 위해, 위아래 구분 없이 무조건 대고 재단하는 경우 옷이 전부 뒤틀릴 수밖에 없다.

  백화점으로 그 옷을 가지고 갔지만 메이커의 팀장은 자기네 책임이 아니라며 회피했다. 소비자고발센터에 전화를 했다. 직접 가지고 와서 신고를 하라고 했다. 어느 쪽이든 잘못을 확인하려면 직접 와야 한다는 것이었다. 바쁘게 일을 하는 중이라 티셔츠 하나에 매달리는 시간보다 나의 매장에 신경 쓰는 것이 훨씬 유리했기에 억울했지만 포기하고 말았다. 다시는 그곳에서 구매하지 않았다. 그들은 단골 하나를 놓친 것이다. 제대로 장사하지 않으면 안 된다. 요즘 같으면 백화점에서 죄송하다고 하며 얼른 교환하여주었을 것이다. 그 일은 30년 전의 일이었기에 가능했다.

  이것을 경험삼아 공장을 철저히 관리했다. 모든 잘못은 정신 상태에 있다. 한쪽 팔이 늘어지는 상품을 만든다는 것은 도저히 용납할 수 없었다. 좋은 상품을 고객에 제공하기 위해서는 오너가 직원들을 철저히 교육을 시켜야 한다. 직원을 철저히 관리하지 못하면, 결국은 오너가 손해 보게 된다. 장사가 안 되면 직원들도 일감이 없어 직장을 잃게 된다는 것을 알아야 한다.

  최근에 비슷한 일을 또 겪었다. 홈쇼핑에서 속옷세트를 구매했다. 화면에서 보았을 때 무척 아름다워 보였다. 5세트 1박스를 구매하여 브래지어를 입어보았다. 위의 브래지어의 원단은 망사 스판으로 제작되어 있었다. 스판 원단은 탄력이 강해야 한다. 그러나 내가 구매한 브래지어의 망사 소재는 너무 약해서 늘어나면서 위로 올라갔다. 아름다움만을 추구했을 뿐, 기능성은 전혀 고려하지 않은 디자인이었다. 기능성이 전혀 없는 디자인이라니! 그러한 디자인 전략은 어떤 분야든 살아남지 못한다. 반품을 하기로 결정하고 전화를 했다.

홈쇼핑은 매우 친절해서 좋았다. 반품에 대한 이유를 설명을 했을 때, "불편을 드려 죄송합니다" 하며 처리해준다며 속옷 회사의 전화번호를 알려주었다. 회사에서는 입었던 것은 반품이 안 된다고 했다. 결국 입었던 것을 뺀 나머지만 반품할 수 있었다. 디자인을 잘못하여 입지도 못하게 만들었다면 당연히 반품을 해주는 것이 상도의라고 생각했다.

홈쇼핑에서 판매를 하려면 미리 상품을 준비해야 한다. 많은 돈을 들여서 만들어놓은 상태에서 판매를 시작한다. 상품이 많이 팔리지 않는다면 재고의 손실로 엄청 큰 손해를 본다. 큰 회사에서는 샘플을 제작한 다음에 착용해보고 세탁도 해보면서 철저한 검증을 거친 다음에 판매한다. 작은 회사라고 아무렇게나 해서는 안 된다. 작은 회사일수록 미리 샘플을 준비하고 철저한 검증을 한다면 큰 손해를 미연에 방지할 수도 있고 판매도 많이 할 수 있다. 그러면 홈쇼핑 판매에서 제대로 신용을 얻게 될 것이다.

홈쇼핑에서는 한 번 크게 성공한 상품을 두 번, 세 번 거듭해서 판다. 그러나 내가 샀던 상품은 더 이상 판매하지 않았다. 홈쇼핑에서도 신용을 잃은 것은 물론이고 제품에서 막대한 손해를 보았을 것이다. 쉽게 하는 장사는 오래가지 못한다. 많은 노력과 경험으로 신중

하게 상품을 개발하지 않으면 고객은 언제든지 떠나게 되어 있다. 어떤 장사이건 제대로 장사하지 않으면 안 되는 세상이다.

〈수미사〉에서도 곤란한 일들이 있었다. 중국에서 검정 스카프를 수입하여 들여왔다. 사이즈도 크고 가격도 저렴하여 판매가 많이 될 것이라고 생각하며 판매를 시작했다. 가격 대비 상품의 느낌이 좋았다. 그런데 사고가 생겼다. 고객이 스카프에서 검정색 물이 빠진다고 들고 왔다. 얼른 사과하고 바로 현금으로 환불해주었다. 요즘 세상에 염색물이 빠진다는 것은 우리나라에서는 있을 수 없는 일이다. 중국 수입상품은 구매를 잘 해야 한다. 반품도 잘 안 되고 환불은 더욱 안 된다.

이 검정 스카프를 어쩌나? 싸게 팔아서 얼마라도 건지고 싶었다. 그러나 돈 몇 푼에 양심까지 팔아서야 되겠나, 하는 생각이 들었다. 가슴 아프지만 500장의 검정 스카프는 바로 폐기 처분했다. 이렇듯 장사하다보면 손해 보는 경우가 종종 있다. 한 번 팔고 그만인 장사는 성공할 수 없다. 앞을 보며 제대로 장사를 해야만 돈도 벌 수 있는 것이다. 앞으로 경거망동하지 말고 조심하라는 경고로 받아 들였다.

나는 스카프를 판매하는 상인이다. 그러나 상인이기 이전에 고객이며, 많은 상품을 구매하며 살아간다. 상품을 구매하고 손해를 보았을 때, 억울했을 때를 떠올리며 고객을 생각한다. 우리 고객은 단 한 분이라도 억울함이 없어야 한다는 게 내 장사 철학이다. 나는 과연 실수 없이 제대로 장사하고 있는지 다시 한 번 반문하여본다.

03
0.5초 안에 고객을 읽어라

　나는 고객이 우리 가게에 들어오는 순간 "안녕하세요?" 하며 고개 숙여 인사한다. 고개를 숙이는 순간 머리 위에서부터 발끝까지 고객의 스타일을 0.5초 내로 읽는다. 우아한 스타일인지, 단정한 스타일인지, 스포티한 스타일인지를 판단한다. 컬러는 어느 톤의 색채를 좋아하는지를 간파한다. 화려한 색을 좋아하는지 파스텔 계열을 좋아하는지 단색을 선호하는지 확인한다. 헤어스타일은 어떤지도 본다. 길게 늘어뜨렸는지 커트를 했는지 단발머리 스타일인지 묶어서 그냥 올렸는지, 들어오는 고객의 패션과 헤어스타일을 보며 순간적으로 판단해야 한다. 그런 다음에 현재 고객의 스타일이며 가방의 크기, 모양, 색채에 따라 어떤 종류의 스카프가 잘 어울릴 것인지 디자인의 특성에 따라 판단을 한다.

그러나 디자이너 겸 판매자로서 내가 좋다고 해서 다 좋은 것은 아니다. 그 사람의 성향이 있고 그 사람만의 스타일이 있다. 각자 좋아하는 색과 스타일이 있고 그것을 바꾸기는 쉽지는 않다. 내가 판매하고 싶은 마음을 먼저 앞세우면 안 된다.

우선 고객이 취향을 느낄 수 있을 때까지 시간을 주어야 한다. 철칙 하나가 있다면 "절대 고객에게 상품을 팔려고 노력하지 않는 것"이다. 고객이 먼저 다가와서 물었을 때, 비로소 응대를 해야 한다. 고객 스스로가 고를 수 있는, 선택할 수 있는 시간을 충분히 주어야 한다. 고객의 시선이 어디에 꽂히는지를 파악하는 것이다.

판매원이 가장 주의해야 할 부분은 절대로 내가 판매하고 싶은 것만을 내세우지 않아야 한다는 것이다. 고객의 마음을 다 읽은 다음 고객이 어떤 상품을 선택하는지를 감지해야 한다. 고객이 어느 것이 좋으냐고 물었을 때는 명확한 결정을 내려서는 안 된다. 그렇게 묻고는 있지만 고객 나름대로 결정은 이미 지어놓은 상태이다. 고객은 판매원의 선택이 자신의 마음과 같을 때, "그렇지요. 저도 이걸로 결정했어요" 하고 만족하며 흐뭇해한다. 반면 판매원의 선택이 자신의 결정과 다를 때는 "그래요? 이쪽 것은 안 어울리나요?" 하며 되묻는다. 그럴 때는 얼른, "아니요. 저는 이것도 좋지만 얼굴에 한번 대보세요. 이것도 잘 어울릴 것 같아요" 하면, 고객은 "그렇지요" 하며 구매하고 행복을 느끼는 것이다. 고객 자신만의 가지고 있는 컬러가 있다. 내가 판매하고 싶은 것만을 팔아서는 절대 안 되는 이유다. 고객의 마음을 알아주는 판매원이 되어야 단골 고객도 생겨 일등 판매원이 될 수 있다.

　판매원이 권해서 구매하였을 때 고객은 처음 하는 컬러에 적응하기가 쉽지 않다. 영 어색한 것이다. 그래서 다시 교환하러 오는 경우가 많다. 판매원들은 고객에게 마음에 드는 상품을 선택할 수 있도록 도와주는 역할을 하는 것이지 우리가 선택해주는 것은 아니다. 선택은 고객 본인이 해야 한다.

　남의 권유에 상품을 사는 사람들은 계속 교환하러 온다. 서로가 피곤한 일이다. 상품을 구매하는 것도 많은 상품을 사용해보고 느껴보며 경험의 노하우가 쌓이는 것이다. 경험의 노하우가 쌓이면 멋진 디자인과 아름다운 컬러를 선택할 수 있다. 자신의 컬러를 아는 고객들은 선택이 빠르다.

　처음 장사를 시작하는 사람들에게 알려주고 싶은 비법은 '소비자의 마음을 생각하는 것'이다. 추상적일 수 있지만 진정 소비자의 마음을 먼저 알아봐야 한다. 이것이 고객관리의 성공적 요인이다. 요즘은 판매원이 상품을 선택해 주지 않아도 고객들이 알아서 선택한다. 많은 경험과 정보로 상품과 디자인에 대해 많이 알고 있다.

　나는 구매를 강요해서는 안 된다고 늘 가르친다. 고객들은 상품을 구매하러 오기 전에 구매하고자 하는 상품에 대해 사전에 공부를 하고 온다. 가끔 나의 의도로 상품을 판매했을 때 두 가지 확실한 현상이 나타난다. 내가 추구하는 스카프 철학과 소비자가 원하는 스타일이 다른 경우엔 불만족이 발생한다. 불만족스러운 고객은 새로운 디자인 컬러에 적응할 수 없는 것이다. 최고의 디자인과 컬러를 권해도 고객은 만족하지 못한다. 그럴 때는 포기하고 원래 고객 취향의 자기 컬러로 가야 한다.

최고의 만족스러운 고객은 본인이 좋아하는 스타일이 아니었지만 적응해보니 예전의 자신과 다른 스타일에 만족하고 주위의 긍정적인 반응에 행복해하는 고객이다. 빠른 적응력과 진취적인 생각을 가졌기 때문이다.

오랜 세월 장사를 하다 보니 고객의 마음을 읽을 수 있었다. 스카프 고르는 것만 봐도 큰 무늬를 고르면 무언가 대범해 보이는 것 같았다. 작은 무늬를 선호하는 사람들에게서는 아름다운 여성스러움을 발견할 수 있었다. 우리 매장에 오는 고객들은 모두가 멋쟁이였다. 멋스러운 스카프만을 직접 제조하고 판매해 왔기에 나 또한 자부심을 느낄 수 있었다. 멋스러운 여성들은 아무거나 걸치는 듯해도 본인에게 어울리는 것을 순간적으로 선택한다. 옷이나 스카프도 많이 구매하여 멋을 낸 고객들은 경험에 의해서 스스로 멋을 찾아가는 것이다. 고객들이 나의 브랜드 〈수미사〉의 스카프를 선호하며 즐거워했을 때, 최고의 행복을 느끼며 보람을 찾을 수 있었다.

고객이 들어오는 순간, 0.5초 이내로 고객을 순간적으로 파악하면 장사는 쉬워진다. 빠른 순발력과 관찰력이 오늘의 나를 있게 했다.

04
고객에게
진정성으로 승부하라

 우리 동네 베스트이화의원에는 차분한 인상의 상냥하고 친절한 의사가 있어 항상 환자가 넘친다. 하루는 94세 되신 엄마를 모시고 갔었다. 한참을 기다린 끝에 엄마 차례가 되어 부르기만을 기다리고 있을 때였다. 문이 열리고 의사가 나왔다. 의사는 엄마 앞에 앉더니,
 "여기까지 오시느라 힘드셨지요?"
 하며 여러 가지를 물으셨다. 소파에 앉아 계시는 엄마께 자세를 낮추며 다가가 아래에서 엄마를 올려다보며 물으시는 모습은 '감동의 순간' 그 자체였다. 고급 식당에 가면 주문을 받는 종업원의 이런 모습을 보았던 적이 있었다. 그것은 자의가 아닌 교육에서 나온 행동이었지만 의사의 행동은 자발적인 것이었다. 아픈 환자들을 보살피며 아픔을 해결해주지만 보통 의사들은 그만큼 대우를 받지 않는가.

의사가 이렇게 자세를 낮추는 행동은 처음 보았다. 감동은 좀처럼 사라지지 않았다.

"진찰실에 들어가셔서 내진을 받아야 할 것 같아요" 하시며 엄마를 부축하여 들어가셨다. 환자의 아픈 곳을 치료하는 것보다 먼저 마음의 치료를 해주었다. 마음에서 우러나오는 착한 마음을 갖고 환자를 대하는 모습은 천사가 따로 없었다. 나이팅게일이 살아 있었다면 그 여의사가 아닐까 하는 생각을 하게 했다. 엄마도 마음을 먼저 치료해주는 이 친절한 의사만 찾는다.

나는 집에 와서 생각해 보았다. 진정 고객을 위해서 나는 무엇을 해 주어야 할까? 동대문시장 〈수미사〉에서는 물건을 파는 것이 아니라 진정한 마음을 주어야 하지 않을까 이런 생각을 하게 된 것이다. 과거에는 물건의 기능이나 효과만으로도 고객에게 판매할 수 있었지만 지금은 그렇지 않다. 다양한 공부를 해야 한다.

패션에 관한 디자인 공부도 해야 하지만 심리학 공부도 중요하다. 고객과의 대화 속에서 고객의 마음을 알아가며 공감을 해야 한다. 여기에 맞는 이론 공부를 해가며 고객에게 직접 적용할 때가 많다. 나의 고객은 결국 상품을 구매한 것이 아니라 나의 '진심'을 구매한 것이다.

이금희 아나운서가 〈아침마당〉에서 사회 보는 장면을 보면서 늘 감동을 받았다. 출연자들의 안타깝고 애절한 사연이 나오면, "어머! 그러셨어요. 마음이 얼마나 괴로우셨어요?" 하고 출연자의 얼굴을 바라보며 짓는 안타까운 표정에는 진정성이 담겨 있었다. 상대방의 말을 귀담아 듣고 많은 말을 하지도 않고도 사람을 감동시키는 그 모습을 배워야 한다는 것을 느꼈다.

최고의 대화법은 상대방의 말을 잘 들어 주는 것이라고 한다. 애정 어린 눈으로 고객의 마음을 인정해 주며 귀담아 들어주었을 때 진정한 소통이 이루어진다. 그들이 나의 진정한 고객이 되었던 것이다.

지금은 감사의 미소가 그냥 절로 나온다. 온통 감사할 따름이다. 좋은 일은 저절로 따라오고 있었다. 결국 답은 고객을 대하는 마음에서부터 우러나오는 진정성에 있었다.

05
고객을
친구로 만들어라

어느 날 나와 비슷한 나이의 부인이 우리 매장에 들어왔다. 차분하고 고급스러운 차림에 목 폴라 티셔츠를 입은 투피스 차림이었다. 그리고 어깨에는 유명 메이커 숄을 두르고 있었다. 나이가 들면 보통 목을 가리는 폴라 티셔츠는 답답하기에 선호하지를 않는다. 이 고객의 얼굴에는 즐겁고 행복한 표정이 하나도 없었다. 약간의 병색이 있어 보였다. 혹시 갑상선 수술을 하지 않았을까 하는 직감이 들었다. 나는 왠지 이 고객을 행복하고 즐거운 표정으로 만들어주고 싶었다.

"목 가리는 스타일을 좋아하시는 것 같으시네요. 목의 주름살을 가리기에는 옷에 잘 어울리는 스카프 연출이 최선의 방법이지요. 그럼 이 디자인의 코디는 어떠세요? 제가 연출하는 것을 보세요."

나는 고객이 입고 있는 브라운 색의 옷에 맞춰 베이지와 브라운 계열의 스카프를 골랐다. 나의 목에 스카프를 두 번 감아서 짧고 간단하게 리본 식으로 묶어서 디자인의 포인트를 살리며 연출하는 방법을 보여 주었다.

"이런 식으로 연출을 하시면 멋스럽습니다. 목에 두르면 주름살이 감쪽같이 사라지며 젊음을 되찾을 수 있지요."

나는 스카프로 목에 연출하는 법을 손수 보여주고 있었다.

"패션 연출에 관심이 많으신가 봐요. 멋스러운 연출이 남다르십니다."

나는 칭찬을 하며 고객에게 연출을 해주었다. 너무나 행복해하며 미소 띤 얼굴은 아름다웠다.

"장사하실 분 같지 않은데 어떻게 장사를 하시게 되셨어요?" 하며 물어 왔다. 우리 매장에 오시는 고객들은 이구동성으로 나에게 물어본다.

"생전 고생도 안 해본 것 같은데 어떻게 장사를 시작하게 되었나요?"

나는 대답했다.

"제가 다른 사람들이 보기에는 고생 안 한 것 같지만, 저는 산전수전 공중전까지 치룬 사람입니다. 장사를 하며 많은 사람의 희로애락을 들어가며 대화하며 좋은 분들을 많이 만났습니다. 서로 대화하며 좋은 친구가 되었지요. 친구가 필요하실 때는 언제든지 오세요. 따끈한 차 한 잔에 아름다운 미소, 모두가 무료 서비스입니다."

많은 고객들은 한마디씩을 한다.

"교수님 같으세요."

"금은방 사장님 같으세요."

"장관님 같으세요."

"동대문시장에 앉아서 장사하실 분 같지 않아요."

"장사꾼 같지 않은 장사꾼."

이라고 해서 한바탕 웃음을 터트리기도 했다. 나는 이런 대답을 해준다.

"저는 사글세를 살면서, 나도 남들처럼 한 번 잘 살아보자 싶어 동대문시장에 뛰쳐나왔습니다"라고 하면 모두 놀란다.

전혀 고생이라고는 한 것 같지 않은 편안한 모습에 놀랐다고 한다. 사람은 마음가짐에 따라 행동을 하게 되는 것을 느낀다. 나는 비록 장사를 하고 있지만 아버지는 늘 말씀하셨다.

"너는 이씨 왕가 손의 맏공주다. 뼈대가 있는 집안이다. 품위를 잊지 않고 살아야 한다."

나는 마음속에 아버지의 말씀을 늘 새기고 있었다.

고객의 마음을 감동으로 이끌어오기 위해서는 분위기 연출이나 표현, 다양한 옷차림에 형형색색의 스카프 연출 등 모든 것이 조화롭게 이루어져야 한다. 나는 언제나 스카프를 하고 다녔다. 높은 하이힐은 기본으로 신고 다녔다. 젊어서 모양을 낼 때에는 하이힐을 신지 않으면 멋스럽지가 않은 것 같았다.

지금은 나이가 들면서 높은 하이힐은 낮아졌다. 그때는 왜 그렇게 높은 하이힐에 집착을 했는지 지금 생각하면 굉장히 안쓰럽다.

다음 날 고객은 또다시 찾아왔다. 어제 구매했던 스카프를 연출하고 찾아왔다. 나는 물었다.

"안녕하세요, 어느 가게 스카프인지 모르지만 너무 아름답습니다."

최대한의 친절과 서비스로 고객과 대화를 시작하게 되면서 고객은 활기를 되찾고 있었다.

"〈수미사〉 스카프를 연출하면 누구나 멋쟁이가 되는 것 아닌가요?"

고객이 맞장구를 쳐 주었다. 너무나 감사하고 고마웠다. 얼굴에는 화색이 돌고 있었다.

"아, 네 맞아요. 그렇게 말씀해주시니 더욱 감사합니다. 오늘 새로 최신형 스카프가 나왔습니다. 우리 패션쇼 한번 해볼까요? 지난번에 얼굴이 안 좋아 보였는데 오늘은 행복해 보이시네요?"

"제가 사실은 갑상선 수술한 지 석 달밖에 안 되었어요. 갑상선 아무것도 아니라고 하지만 왠지 우울해서 시장에 나왔다가 사장님을 만나면서 이렇게 열심히 사시는 것을 보며 '나는 여태 무엇을 했나' 하는 생각을 해보았습니다"라며 말을 이어갔다.

"그동안 저는 고생을 한 적이 전혀 없이 세상모르고 여태껏 살아왔습니다. 사장님을 보면서 굉장히 충격이었습니다. 삶에 의욕적인 사장님을 보면서 내 삶에 대해서 다시 한 번 되돌아보게 되었죠. 그동안 저는 암흑 속을 헤매다가 빠져 나온 느낌입니다. 누가 빠트린 것도 아니고 스스로 빠져들었던 것이지요. 사장님을 만나면서 제 자리가 얼마나 행복한 자리인지를 느끼게 되었습니다. 이렇게 좋은 사장님을 만나 행복한 삶으로 전환하게 될 수 있어서 감사합니다."

고생을 모르고 살아온 고객은 늘 풍부해 부족한 것이 없었고 하고 싶은 것도, 갖고 싶은 것도 없었다고 한다. 행복도 불행을 느껴 본 사람만이 행복을 만끽할 수 있다. 무기력증에 빠졌었다고 했다.

고객은 "이렇게 좋은 친구가 되어주어 감사합니다" 하고 인사를 했다. 우리는 커피를 마시며 스카프도 둘러보고 함께 웃고 즐기며 오랜 친구처럼 지내게 되었다. 거의 매일 출근하다시피 하며 같이 장사도 하다 보면 또 다른 고객들과 어울려 안방 같은 분위기를 느낄 수 있었다. 항상 나의 자리를 지켜 주는 것도 고객에 대한 신용이었다. 서로 마음을 공감할 수 있는 친구가 있었기에 행복했다.

우리 단골 고객들은 동대문시장에 나오면 당연히 〈수미사〉에 들르게 된다고 하면서 언제든지 찾아오면 늘 같은 자리를 지키는 모습에서 믿음과 신용을 느낀다고 했다. 자리를 지키는 것만으로 믿음과 신용을 주었다.

마음에서 우러나오는 정성으로 진정성을 갖고 친구에게 대하듯 고객을 대했을 때 고객들도 내가 친구가 되어주기를 바랐다. 오늘의 나를 있게 하고 식구들의 생계를 이어갈 수 있도록 도와 준 고객들이다. 스카프 한 장이라도 팔아주었다면 나의 은인이었고, 이러한 감사의 마음을 알아주었기에 친구가 될 수 있었다. 진정한 고객을 친구로 만들었을 때 행복이 따라와 주었고, 재물 역시 부수적으로 따라왔다. 이러한 마음가짐으로 장사한다면 부자가 될 것이라고 믿는다.

06
고객 한 명을 위한 패션쇼

매장 안에 있을 때 항상 매장 앞을 주시한다. 고객이 들어오면 다정하게 눈인사를 하고 가까이 다가왔을 때 비로소 "안녕하세요. 구경하세요" 하며 말을 건넨다. 서두르지 않고 서서히 구경할 수 있는 시간을 준다. 팔기 위해 서두르지 않는다. 고객이 편안해야 한다.

무언가를 구매하러 가면 고객의 입장에서 원하는 것들을 적으며 다닌다. 매장에 돌아오면 그것들을 실행하여 본다. 고객이 매장에서 안락하고 편안했으면 하는 생각으로 노력하고 있다.

어느 날 50대쯤 되어 보이는 고객 한 분이 들어왔다. 보통 수수한 차림의 고객이었다.

"아무 옷에나 어울릴 수 있는 스카프 한 장 추천해주세요."

사실 아무 옷에나 어울리는 스카프는 찾기 힘들다. 그러나 고객이 원하는 대로 맞출 수 있도록 노력을 해본다.

"네, 알겠습니다." 처음 장사를 시작했을 때 이런 고객이 들어오면 판매하기가 곤란했었다. 이제는 장사의 노하우가 생기면서 고객의 입장에서 생각할 줄 안다.

"그럼 손님은 어떤 색을 좋아하세요?"
"핑크를 좋아합니다."
"의상은 어떤 색을 많이 입으세요?"
"검정색과 회색을 많이 입고 있어요."
"검정색이나 회색이요? 웬만한 색은 잘 어울릴 것 같습니다. 튀지 않는 단정한 색을 좋아 하시네요."

검정색이나 회색을 입는 사람들은 주로 관공소나 공무원 같은 직장인들이 많이 입는 스타일이다. 단정한 스타일의 옷을 입어야 하는 사람들은 너덜거리는 스카프를 좋아하지 않는 경우가 많은 편이다.

고객에게 차 한 잔을 먼저 권하면서 "가방 색이 참 멋지네요." 하고 칭찬한다. 그리고 고객의 옷을 관찰한다. 블라우스나 티셔츠의 색을 눈여겨본다. 그 색을 입었을 때는 마음에 들었기 때문이다. 액세서리며 가방, 구두를 보면서 색깔을 어떻게 대비해서 맞추어 입었는지 파악한다. 그러면서 고객의 시선이 어느 컬러에 멈추는지 감지한다.

고객이 입고 있는 옷의 색깔이 들어 있는 스카프를 몇 개 골라 본다. 검정 투피스를 좋아하는 고객들은 보편적으로 흑백무늬가 모두 잘 어울린다. 그래서 기본은 흑백 무늬가 섞여 있는 스카프를 선택한다. 큰 모티브를 선호하는지 작은 모티브를 선호하는지는 옷을 입은 스타일에 따라 어느 정도는 알 수 있다. 이렇게 해서 흑백 무늬 스카프를 우선 하나 골라놓은 다음에 회색에 어울리는 색상을 고른다.

회색으로 화사하게 분위기를 맞추려면 핑크가 가장 잘 어울린다는 것을 경험으로 알고 있다. 은은한 회색에 같은 채도의 핑크를 넣어 디자인 한 스카프는 조용하면서 화사해서 결혼식 같은 모임에 어울린다. 내가 가장 선호하는 색 조합이다. 이렇게 해서 핑크와 회색의 스카프도 하나 선택하였다. 세 번째로 검정색이나 회색 옷에 잘 어울리는, 중간에 화사한 꽃무늬가 활짝 피어있는 스카프를 꺼내어 본다.

이렇게 세 가지를 고른 다음 패션쇼를 한다. 검정색과 흰색 조합의 스카프는 어두운 검정 투피스에는 산뜻하고 선명하여 단정하면서도 세련미도 있어 보인다.

두 번째 패션쇼는 회색 투피스에 은은한 핑크와 회색이 매치되어 온화하며 조용하고 화사한 느낌이 있었다. 마지막 화려한 꽃무늬 스카프는 화려한 디자인의 부분과 은은한 부분의 꽃무늬가 나타날 수 있도록 매만져야 한다. 이렇게 패션쇼를 하면서 고객이 직접 선택할 수 있는 기회를 준다. 고객의 입장에서는 수많은 스카프 중에 내가 선택해 주는 것에 감사한다. 스카프를 안 해봐서 멋쩍어서 못 하는 사람도 간혹 있다.

"검정에 흑백 스카프는 강연이나 공식 행사 있을 때 쓰실 수 있어요. 회색 투피스에 핑크와 회색 매치한 스카프는 결혼식 같은 행사에 은은하며 세련되고, 화사한 분위기를 내고 싶을 때 입으시면 좋습니다. 세 번째는 기분 전환하고 싶으실 때 생동감 있고 활기찬 기분이 들면서 상쾌해지실 것입니다." 이런 설명을 하면서 하나를 가지고 여러 가지의 패션에 맞추기는 어려우니 기본적으로 이렇게 세 가지는 가지고 있어야 멋진 코디를 할 수 있다고 덧붙였다.

"우선으로 먼저 필요한 스카프 하나를 고르시면 되겠어요. 하나를 선택해 보세요. 어느 것이든 잘 어울립니다." 이렇게 해서 고객의 입장에서 선택할 수 있는 선택권을 만들어 주는 것이 판매자의 역할인 것이다.

"오, 너무 감사하고 고마워요. 사실 저는 스카프를 잘 고를 줄 모르거든요. 이렇게 저에게 맞는 스카프를 골라서 선택할 수 있게 해 주셔서 너무 감사드려요. 이것 세 가지 다 마음에 드네요. 다 사고 싶어졌습니다. 포장해주세요."

"그렇게 하시겠어요? 감사합니다." 하며 나는 포장을 했다. 이렇게 손님 한 분 한분에게 정성을 들이는 것은 처음에는 쉽지 않았다. 그러나 시간이 지나면서 나는 이러한 일을 즐기게 되었고, 즐기는 와중에 돈이 들어왔으며 행복 가득한 매장이 되었다. 고객의 입장에 서서 연구했을 때 그 효과는 몇 배의 가치가 되어 나타난다.

07
불량고객에게도 배울 점이 있다

'못난 자식이 효도하고 못난 소나무가 선산 지킨다'는 옛말이 있다. 산속에서 잘 자란 나무들은 재목으로 제일 먼저 잘려서 팔려 나간다. 못난 소나무만 남아서 선산을 지킨다는 말이다.

이태리 스카프를 주문할 때 마음에 들지 않는 못난이 스카프도 주문한다. 아름답고 좋은 것을 더 돋보이게 하기 위해서다. 그래서 못난이도 비교 분석하면 우리에게 좋은 효과를 줄 때가 있다. 보기에 못났다고 해서 못난 짓만 하는 것은 아니다.

때로는 못난이 스카프가 대박 날 때도 있다. 자랄 때는 못나고 소외된 것처럼 보였던 아이가 커서는 더욱 두각을 나타내며 더 큰 효도를 하고 있는 집도 있는 것처럼 말이다.

많은 고객을 상대하다 보면 여러 부류의 고객을 만날 수 있다. 결단력이 없는 고객, 흥분을 잘 하는 고객, 변덕스러운 고객, 에누리하려고 일부러 불평불만을 하는 고객, 깐깐한 고객, 싸게 사려고 일부러 불량을 찾아내려고 애를 쓰는 고객 등. 이러한 고객들은 어디를 가나 환영받지 못한다.

나는 소위 진상 고객들이 쓰다가 물건이 맘에 안 든다고 가져오거나 본인이 잘못 보관하여 상처난 것을 우리에게 보상하라며 와도 무조건 다 바꾸어주었다. 알면서도 다투기 싫어 바꾸어주어야 하고 손님의 비위를 다 맞춰야 하니 속이 새까맣게 탔다. 그저 장사를 한 '내 탓이오' 하며 혼자 가슴을 쳤다.

도매를 하는 상인들은 이런 진상 소매 손님들을 꺼려해서 '소매 사절'이라고 써 붙이는 매장도 있다. 도매 손님들은 주문하고 계산한 다음 주소를 메모하여 물건을 보내달라고 하며 금방 가버린다. 이런 쉬운 장사를 하다 보면 이것저것 다 만져보고 고르는 소매 손님은 피하고 싶어지는 것이다. 될 수 있으면 소매 손님은 야간은 피하는 것이 좋다.

장사하는 사람들은 손님과의 싸움 자체가 잘했든 못했든 손해라고 생각한다. 우선 이미지의 문제다. 싸움을 하다 보면 아무리 선한 사람도 표독스러워진다. 남에게 험상궂은 얼굴을 보여 주기 싫었다.

매장을 벗어나면 나도 고객이 된다. 말도 안 되는 억지를 부리는 고객들 때문에 속이 상했던 생각을 하며 웬만하면 상품을 고를 때 쉽게 구매를 한다. 애를 먹이며 구매했던 고객을 길에서 마주칠 때가 있다. 겉으로는 친절하게 인사를 하지만, 속으로는 마주치고 싶지가 않았던 기억이 난다.

우리 상가에 자주 왔던 한 고객이 있었다. 퉁퉁한 몸에 손가락에는 늘 콩알만 한 다이아를 끼고 다니는 부잣집 사모님이었다. 그런데 상품을 사면서 늘 깎고 계산하면서 또 깎는다. 상가에서 소위 진상이라는 소문이 날 정도였다. 하루는 우리 매장에서 와서 스카프를 사고 있었다. 우리는 도매가격으로 팔기에 에누리가 없었다. 그럼에도 그 손님은 에누리해달라고 했다.

"죄송합니다. 저희는 도매가 에누리가 없습니다."

"에누리가 왜 없어요, 깎아주세요."

"죄송합니다. 사모님. 그런데 너무 에누리하시니까 우리 상가에서 사모님의 안 좋은 소문이 났어요. 장사하는 사람이 오죽했으면 안 팔겠습니까. 너무 에누리하지 마세요. 인상도 좋으신데 이왕이면 남한테 좋은 소리 들으면서 살아야지요."

"무슨 소문이요?"

"장사꾼들 하는 말이 있어요, 진상손님이요. 후덕하게 생기신 분이 이왕이면 후덕한 손님이라면 얼마나 좋겠어요."

그 다음부터 그 고객은 깎지 않고 후덕한 고객으로 변해 있었다.

이익이 없어 안 팔려고 하는데 굳이 깎으려고 하는 고객들이 있다. 정말 밀어내고 싶을 때도 있었다. 고달팠던 때에 비하면 이 정도는 아무것도 아니라고 생각하며 참았다. 진상손님들을 보며 나는 저런 고객이 되지 않으리라고 늘 다짐한다.

여유가 있다고 해서 개구리 올챙이 적 생각을 잊어서는 안 되는 것이라고 생각한다. 웬만하면 화를 내거나 신경질을 내지 않는다. 어차피 살아가는 인생이라면 남한테 좋은 인상, 좋은 이미지를 남기는 것이 행복한 인생이 아닌가 생각한다.

아침마다 눈을 뜨는 동시에 "이렇게 행복한 날을 맞이하게 하여 주셔서 감사합니다." 감사의 인사를 드린 다음, 거울을 보며 나에게 말한다.

"순희야, 훌륭해 최고야! 여기까지 인내로서 견디어 온 너에게 감사한다. 순희야, 오늘 하루도 열심히 살아보자. 파이팅!"

불량 고객에게도 배울 점이 있다. 나는 진상고객이 되지 말아야지. 남에게 좋은 인상, 좋은 이미지로 남아야지 하며 내 뒤에서 나를 흉보는 사람이 없게끔 하는 마음가짐으로 오늘 하루도 시작해본다.

08
불친절한 고객에게도
친절하기

교환하러 온 고객에게는 더욱 더 친절해야 한다. 상품을 교환하러 갔을 때 친절하면 그 매장에 다시 찾아가지만 불친절하거나 바가지를 씌웠을 때에는 다시는 가고 싶지 않은 것이 사람의 마음이다.

"코디하니까 안 어울리던가요? 알았습니다. 마음 놓고 골라보세요. 옷을 가지고 오셨더라면 좋았을 것을 그랬어요." 이렇게 편하게 교환할 수 있는 분위기를 조성해주었다. 아무리 골라도 마음에 드는 상품이 없을 때는 환불해주었다. 이런 의외의 행동에 고객은 감동을 받아 단골이 된다.

고객의 잘못으로 불량을 만들어 교환하러 온 고객이 있었다. 분명히 사용하다가 어디에 걸린 상처였다.

"사실 때 다 보고 사셨잖아요?"

나는 물어보았다. 분명히 다 펴보고 아래 위를 다보고 가져갔었다.
"그때는 발견을 못 했어요."

어이가 없었다. 어차피 작정을 하고 찾아왔다. 따져봐야 헛일이다. 내 입만 아플 뿐이다. 본인도 알고 있다. 다만 자기 자신을 속일 뿐이다. 이때는 '지는 것이 이기는 것'이다.

"알겠습니다. 죄송합니다."

어차피 교환해줄 것이라면 웃는 얼굴로 기분 좋게 교환하여주었다. 사람이란 양심이 있는 것이다. 그 손님은 며칠 후 선물할 곳이 있다며 다시 찾아왔다. 그 손님은 단골고객이 되었다. 다시 찾아올 수 있는 이유는 결국 내가 제공한 것이다.

불평 있는 고객에게는 더욱 친절해야 한다. 사람마다 살아가는 방식이 다르듯이 생각하는 방식 또한 다르다. 물건을 구매해 가면서 불만을 갖는 사람들이 있다. 색깔이 좀 더 진했으면, 디자인 요소가 좀 더 위에 있었으면 좋았을걸, 그 많은 사람들의 비위를 맞추다 보니 머리가 띵할 때도 있었다. 그러나 나는 많은 경험을 하면서 마음을 내려놓는 법을 터득했다.

"아~ 그랬으면 더 좋은 디자인이 될 걸 그랬습니다. 다음에는 디자인 개발에 꼭 응용해 보겠습니다."

그 손님의 의사를 존중해주고 인정해 주면 손님은 자신의 존재 가치를 느끼며 만족한다.

안 사고 나가는 손님에게는 더욱 친절했다. 미래의 고객이 될 수 있기 때문이다. 우리도 살아가면서 상품이 꼭 필요해서 백화점이나 시장에 갈 수도 있지만, 필요하지 않아도 친구 따라가거나 미리 준비 삼아 갈 수도 있다. 매장에 들어오는 사람마다 상품을 다 구매해 간다면 갑부 안 될 사람이 없을 것이다. 사지도 않으면서 뒤집어놓는 사람이 있는가 하면 아무렇게나 휙휙 던지는 사람도 있다. 내가 디자인 한 자식 같은 존재이거늘 본인 것이 아니라고 막 다루는 사람도 있다. 이러한 모든 것을 감수해야 한다. 또 한편으로는, "이 상품 멋지네요, 아주 아름다워요" 하며 칭찬만을 늘어놓는 고객도 있다. 남의 상품 구매하지도 않을 것이니 인심이나 쓰자는 고객이다. 사지 않았지만 밉지 않은 고객이다. 에누리를 하고 또 에누리하는 손님도 있다. 이렇게 하루에도 몇 번씩 희비가 교차하고 인내의 한계를 넘나들면서 세월을 보내다 보면 인내의 도사가 된다.

세 번을 교환하러 온 고객이 있었다. 이런 고객에게도 인상을 쓸 수 없었다. 우리 가게를 비판하며 다닐 것 같아서였다. 단 한 사람이라도 우리를 헐뜯는다는 것은 장사하는 나로서는 손해를 보는 것이기에 끝까지 참아야 했다. 환불해주겠다는 말도 함부로 할 수 없었다. 자신을 무시한다고 느낄 것 같았다.

"저 위에 있는 빨간색 보여주세요."

얼른 내려서 내 몸에 걸쳐 보여 주었다. 나는 스카프 모델을 하기 위해 항상 화사하게 화장을 하고 무엇이든 잘 어울릴 수 있는 은은한 파스텔 계열의 블라우스를 입고 있었다. 어느 고객은 '사장님 패션쇼 하는 것을 보고 사가면 속아요. 집에 가서 해보면 아닐 때도 있거든요' 하기도 했다.

"이 스카프는 이태리 수입 스카프입니다. 빨간색이지만 튀지 않고 아름답고 멋스럽습니다. 어떠세요? 지금 입으신 옷에도 잘 어울리네요."

하며 매장을 오가며 디자인 감상을 하게 하였다. 긍정적인 눈빛이었다.

"이것은 고급 매장에 가시면 몇십만 원 주셔야 합니다. 한 번 어깨에 둘러보시고 거울을 한 번 보세요" 하며 거울을 보여 준다.

"그럼 이것으로 교환하여 주세요, 돈은 더 안 내도 되지요?"

"네, 안 내셔도 됩니다."

하며 얼른 쇼핑백에 넣어준다. 그것은 분명히 더 비싼 것이었다. 그러나 이렇게 까다로운 고객은 내가 좀 손해를 보아도 얼른 보내는 것이 이익이었다. 이익을 계산한다면 내가 손해를 본 게 분명하다. 그러나 이런 고객은 빨리 해결하고 다른 고객에게 판매하는 것이 훨씬 빠른 이득이며 마음의 안정도 찾을 수 있다.

그 고객 또한 이 스카프 가격이 더 비싸다는 것을 당연히 알고 있다. 처음 살 때부터 눈독을 들였기 때문이다. 그렇다면 그 고객은 분명히 고마움을 느낄 것이며 다시 찾아올 수 있다.

다시는 보고 싶지 않은 고객이었지만 장사란 계속 진행형이어서 도를 닦듯이 마음을 다스릴 줄 알아야 한다. 까다로운 고객을 내 마음대로 조종할 줄도 알아야 장사에 성공할 수 있다. 장사하면서 좋은 고객만 있다면 장사 못 할 사람 아무도 없지 않을까? 생각해본다.

우리 매장에는 늘 고객이 북적이고 얼굴을 붉히며 언쟁하는 일이 단 한 번도 일어나지 않았다.

며칠 후 그 고객이 다시 또 찾아왔다. 가슴이 철렁 내려앉았다. 그런데 이번엔 멋진 고객을 모시고 왔다. LA에서 장사하는 친구라며 소개해 주었다. 이 고객은 눈빛부터 달랐다. 한눈에 15가지 상품을 골랐다.

"10장씩 150장은 얼마입니까?"

"네, 도매 30,000원씩 입니다. 모두 450만 원입니다."

"알겠습니다. 포장해주세요. 서비스로 세 장 더 주시면 안 될까요?"

시원하게 물었다.

"네, 알겠습니다."

그 후로 불량 고객이었던 나의 고객은 LA 고객 심부름으로 우리 가게에서 물건을 사서 보내주며 친하게 되었다. 불량 고객이 우수 고객이 된 것이다. 끝까지 초심을 잃지 않고 불량 고객 한 사람에게도 최선을 다했기에 이루어진 쾌거였다.

어떤 고객은 실크 스카프를 물에 빨아서 쪼그라진 것을 교환하러 왔다.

"실크를 물빨래하시면 안 되지요."

"말 안 했잖아요. 설명을 해주셨어야죠."

"실크는 당연히 드라이클리닝 하셔야지요. 라벨에 설명되어 있습니다."

막무가내인 고객은 어떠한 말을 해도 이해하려 하지도 않았다. 고객에게 올바르고 정확한 사용법을 알려줘야 한다. 고객의 잘못된 행동은 사용법을 잘 몰라서 발생하는 경우가 많다. 보상받으러 온 손님에게는 상품의 올바른 사용법을 알려주는 것이 필요하다. 사용법의 라벨이 붙어 있어도 모르쇠로 우기는 고객이 더러 있었다.

그 후 우리는 드라이클리닝 하라고 몇 번이고 신신 당부하며 전한다. 우리가 주로 사용한 스카프 원단은 실크였다. 부드러운 친환경 소재로서 우리 피부에도 전혀 부작용이 없는 천연섬유였다. 천연섬유는 색채부터 다르다. 실크 특유의 광택이 있으며 염색하였을 때 색상이 선명하고 청명하게 나타난다. 그래서 드라이클리닝을 해야만 광택이 오래 지속되며 늘 새것 같은 느낌으로 아름다움을 유지할 수 있다.

백화점에서는 무조건 고객의 불편을 인정하며 고객의 편에 서는 경우가 많다. 그러나 시장에서는 한 장의 교환으로 손해가 되면 판매자로서는 교환하여주는 것이 쉽지 않다. 매일매일 일지에 적어 보고를 해야 하는 입장인 판매원이 손해 보는 경우가 있기 때문이다. 판매원은 오너의 허락을 받아야 교환도, 반환도 해 줄 수 있다. 마음대로 교환이나 반품, 환불을 해준다면 질책을 받는 것은 불 보듯 뻔하다. 그래서 시장에서는 자주 언성이 높아지며 다툼이 생기는 것이다.

내가 성공할 수 있었던 이유는 디자인, 판매, 오너로서 모든 것을 마음대로 조종할 수 있기 때문이다. 손해 보아도 내가 감수할 수 있다.

장사를 하려면 주인이 손해 보는 쪽이어야 된다고 생각한다. 고객들도 주인이 손해 보는 것을 알고 있다. 그렇기에 어차피 손해 보는 것을 마음 편하게 따뜻하게 고객에게 대했을 때, 다음에 다시 찾아와 단골고객이 되는 것이다.

'앞에 있는 나무만을 볼 것이 아니라 멀리 있는 숲을 봐야 한다.'는 진리를 믿고 있다. 사람에게는 양심이라는 것이 있다. 그래서 다시 찾아오는 고객이 많았다. 불친절한 고객에게도 최선을 다하여 친절을 베풀었을 때 이득이 되어 돌아왔다. 지는 것이 이기는 것이다. 결국 나의 진리는 이겼다.

09
상품을 팔려고 하기보다
상품의 가치를 느끼게 만든다

30년 만에 처음으로 우리 매장에서 세일을 하기로 결정했다. 증축 관계로 몇 달을 쉬어야 했기 때문이다. 매장에서 팔다 남은 재고는 주로 외국에 덤핑으로 판매하거나 성당에 기부했다. 5,000원으로 세일가를 책정했다. 원가는 5,000원을 훨씬 넘었으며 그중에는 이만 원, 삼만 원짜리도 섞여 있었다. 고객에 대한 감사 세일이었다.

판매를 하다 보면 아무리 좋은 상품이라도 재고는 나기 마련이다. 우리는 전국적으로 또는 외국으로도 판매를 해왔기에, 재고 나는 장수가 몇만 장씩 되었다. 재고가 많다는 것은 장사가 그만큼 잘되었다는 증거다. 장사를 잘 모르는 사람들은 재고가 많으면 장사를 못했다고 생각할 수 있다. 그러나 많이 판매한 만큼 재고는 늘어난다. 판매량과 재고량은 비례한다. 불경기인 요즘은 제품 생산하기가 두

렵다. 많아 팔리지가 않기에 조금 생산한다. 재고 쌓일 일이 없다.

우리가 세일하려는 상품 중에는 이태리 수입품도 있었고 우리나라에서 제조한 고급스러운 다양한 상품이 많았다. 나는 잘 팔릴 것이라는 확신을 가지고 판매에 돌입했다. 상품은 가운데 매대에서 판매하고 고급 제품은 벽에 진열해 놓았다.

고객이 문전성시를 이루고 있었다. 세일을 하여도 고객에게 상품의 설명이 필요하다. 상품의 가치를 알려주었을 때, 하나 살 고객이 두 개, 세 개를 사갈 수 있는 것이다. 반품이 거의 없다. 나는 고객이 상품 하나를 집을 때마다 옆에서 상품의 가치를 설명해주었.

어느 고객이 스카프 하나를 선택하여 집었을 때 얼른 설명을 해주었다.

"그 상품은 100% 실크입니다." 원단이 천연 섬유라 색상이 선명하게 살아 있고 화사하면서 세련미가 있다는 설명을 하면, 실크라는 소재에 두말 안 하고 왼손에 집고 다른 것을 또 고른다. 산더미처럼 쌓아 있는 상품에서 선택하였을 때 눈에 들어오는 감각으로만 선택하였지만 실크라는 설명으로 잘 선택했다는 자부심을 느끼며 소중하게 가치 있게 쓸 것이다. 또 다른 상품을 골랐을 때 "그 스카프는 백화점에서 팔고 남은 상품입니다. 라벨을 보세요" 하면 두말 않고 손에 잡고 또 다른 것을 고른다.

"그것은 일본으로 수출하고 남은 상품입니다. 시중에 흔하지 않아 좋아요."

고객은 흔하게 많이 나와 있는 상품보다는 몇 개 남아 있지 않은 상품을 선호하는 경향이 많다.

이태리 수입 상품이고 하나 남은 거라 세일 품목에 들어 있다든지 요즘 유행하는 올해의 칼라 더즐링 블루로, 희망적이고 진취적이며 도전적인 색이라고 설명해준다. 또는 조젯 실크소재로 꼭 드라이클리닝 하라면서 잠자리 날개같이 가벼우며 아름다움을 돋보이게 한다는 말을 덧붙인다.

이런 식으로 하나하나 설명을 해주며 5,000원보다 더 많은 가치를 느끼게 해주었다. 세일을 한다고 해서 무조건 판매되는 것은 아니다.

"그 상품은 일본 수출하는 캐주얼한 목도리입니다. 길이가 3m입니다. 젊은이들 목에 둘둘 말고 다니면 보온도 되고 멋스럽습니다. 아드님이나 따님 있으면 사다주세요. 일본에서도 우리나라에서도 유행입니다" 하고 설명을 하면 거의 한 장씩 더 구매한다.

"그 회색 무늬는 도시적인 분위기의 목도리입니다. 남자들이 목에 두르면 품위 있고 고급스러워 보입니다. 코디하기도 좋은 컬러입니다. 검정이나 감색, 브라운에도 잘 어울리는 무난한 컬러입니다. 그 상품은 레이온과 실크가 혼합된 천연 섬유입니다"라고 부연 설명까지 해준다.

단돈 5,000원에 불과하지만 상품 하나에 진심을 담아 판매했을 때 반품도 안 들어올뿐더러 단골고객으로 만들 수 있는 계기가 된다. 재고상품을 현금으로 바꾸는 재미도 있었다. 처음에 재고 판매를 한다고 했을 때 식구들은 안 될 것 같다며 별 반응이 없었다. 상품만 버린다며 반대도 하였다. 그러나 밑져야 본전이다. 나는 '재고 세일', '마지막 세일'을 프린트 하여 매장에 붙여놓고 매장 가운데에 산더미처럼 쌓아 놓고 고객의 반응을 보았다.

처음에는 한 명, 두 명이 와서 하나둘씩 사가기 시작하더니, 시간이 지나니 물밀듯이 모였다. 그 다음 날도 왔던 고객이 다시 찾아왔다. 선물한다고 몇 개씩을 더 사가지고 갔다.

상품을 팔 때는 스카프 연출법을 보여주며 판매를 했다. 호주로 보낸다며 무려 52장을 사가는 고객도 있었다. 호주 고객이 오면 그곳의 유행은 무엇인지 컬러는 어느 컬러가 유행인지, 왜 유행했는지 물어본다. 그러면 고객은 인정받는 느낌을 받고 더 신뢰하면서 상품을 구매한다.

고객들은 진흙 속에서 진주를 찾듯이 이리저리 뒤적이며 쇼핑을 했다. 같은 상품이 없었다. 고르는 재미에 매일 출근하다시피 하는 고객도 있었다. 하루 지나서 다른 상품을 창고에서 실어와 가운데에 산더미처럼 쌓아놓으면 저녁이면 거의 다 없어졌다. 하루에 거의 400~500장을 팔았다. 저녁이면 녹초가 되었다. 다음 날이면 또 다시 고객이 다시 온다는 기쁨에 다시 일어나 매장으로 향했다.

벽에 걸려 있는 상품은 고급이었다. 손님이 물었다.

"저기 걸린 스카프는 얼마예요?"

나는 다른 고객에게 판매하느라 정신없이 바빴다.

"네, 오만 원입니다." 딸이 멀리서 대답하였다.

"오천 원짜리 팔면서 무슨 오만 원?" 하며 다른 것도 사지 않고 휙

나가버렸다. 또 다른 손님이 와서 물었다.

"저 쪽 위에 걸린 목도리 얼마예요?"

이 고객은 이미 그 스카프에 마음이 끌린 것이다. 많이 싸여 있는 5,000원짜리 상품보다 벽에 걸려 있는 다른 느낌의 상품에 꽂힌 것이다. 그럴 때 갑자기 열 배가 넘는 가격을 불러 놓으면 바가지 쓰는 느낌이 든다. 이럴 때는 상품의 가치를 먼저 느끼게 하여야 한다. 나는 얼른 대답했다.

"네, 손님. 그것은 100% 캐시미어입니다. 만져보세요."

하면서 얼른 내려 손에 질감을 만질 수 있도록 쥐어주었다. 캐시미어는 만지는 순간 촉감이 부드러워 누구나 좋아하는 스카프 소재의 원단이다. 고객에게 먼저 사고 싶은 충동을 일으킬 만큼의 부드러운 감성을 전해야 한다. 캐시미어의 부드러운 가치를 고객은 느끼고 있었다.

"얼만데요?"

그때서야 나는 대답하였다.

"이 캐시미어는 십만 원 도매였습니다. 지금 세일이고 얼마 남지 않아, 오만 원에 세일하고 있습니다."

십만 원짜리를 오만 원에 판다고 하면 누구나 고개를 돌려 보게 된다.

고객은 이미 캐시미어의 부드러운 느낌을 감지하였으며 캐시미어의 가치를 알게 되었다.

"두 장 주세요. 한 장은 선물해야겠어요."

옆에 있던 고객도 다른 고객들도 하나씩 두 개씩 사가며 순식간에 남아 있던 캐시미어 숄은 다 팔렸다.

'팔려고 노력하지 마라.'

나의 판매 마케팅 전략이었다. 가치를 먼저 느끼게 하고 고객의 마음에 들었을 때 서두르지 말고 천천히, 시중에는 얼마일 것이지만 우리 매장에서는 얼마에 판매하고 있다고 안정감 있는 대화를 해야 한다. 이렇게 해서 한 달의 세일 기간이 끝났다. 만 장 이상을 팔았다.

고객에게 진실을 담아 정확한 정보와 충분한 가치를 전달했을 때, 고객은 진실을 느끼며 상품을 산다. 이러한 노력의 결과가 불황에도 고객이 문전성시를 이루게 하는 길이었다. 상품을 팔려고 노력하지 말고 가치를 느끼게 해야 한다. 그것이 바로 성공으로 가는 지름길이다.

10
손님을 평생 단골로 만드는 비법

어느 날 초등학교 동창모임을 우리 매장에서 하기로 했다. 점심은 동대문에서 오래된 설렁탕집으로 갔다. 그 집은 대통령이 다녀간 다음 원앙 무늬로 대통령 자리에 표시를 해 놓았다. 그 자리에 앉으면 대통령이 된 듯 대리만족을 느낄 수 있었다. 식사를 주문하려고 하는데 주인인 듯한 분이 만면에 미소를 지으며 다가왔다.

"안녕하세요? TV에서 봤어요. 훌륭하신 분이라 기억에 남았어요, 어떻게 그렇게 열심히 사셨어요. 그 연세에 대학도 다니시며 공부도 하시고 너무나 인상 깊었어요. 우리 동대문에 이렇게 훌륭하신 분이 계셨네요. 만나뵙게 되어 반갑습니다."

너무나 반가워하는 모습에 나 역시 너무 감동했다. 나를 알아봐주고 인정해주니 손님으로서 오히려 감동을 받았다. 대중매체가 이렇게 영향력 있다는 것이 놀라웠다. 나는 살아오면서 고객에게 감동을 주는 역할만 했었다. 내 자신은 그 감동을 느껴 보지 못했었다. 그래, 이것이 바로 '고객 감동'이었구나! 많은 사람들 속에서 나를 알아봐 주는 것이 너무 좋았다. 나를 반기는 그 모습을 보며, 내가 고객들을 소극적인 모습으로 대하지 않았나? 하는 반성의 마음을 가졌다. 좋은 공부가 되었다. 그 후로 나는 점심을 먹으러 나가기만 하면 그 집으로 간다. 단골이 된 것이다. 주인아주머니가 안 보일 때면 서운한 마음까지 들었다. 그러한 마음을 느꼈기 때문에 나는 1분 1초도 자리를 비우지 않으려고 노력한다.

요즈음은 온라인과 오프라인으로 모든 상품이 포화상태다. 많은 상품이 쏟아져 나오고 광고도 많아졌기에 소비자의 선택권의 매우 넓어졌다. 이런 상황에서 단골 고객을 만든다는 것은 너무 어려운 일이다. 하지만 이러한 시대일수록 영원한 단골을 만들 수 있는 노하우를 가져야 한다. 성공하고 싶으면 서비스의 격도 달라져야 한다. 다양한 서비스도 한 몫을 한다. 고객의 마음을 들여다보고, 얼굴만 보아도 심리를 알아볼 줄 아는 관찰력도 필요하다.

나는 늘 선물을 사러 오는 고객에게 더 신경을 쏟는다. 아무리 좋은 상품을 선물한다고 해도 받는 이의 취향이 아닐 때는 결코 좋은 선물이 될 수 없다. 그래서 항상 교환권을 넣어서 상품을 판매하고 있다. 교환하려 오시는 고객한테는 더욱 더 친절을 베풀었다. 그것이 인연이 되어 그분들은 단골 고객이 되고, 또 다른 고객을 모시고 오는 경우가 대부분이다. 얼마 전엔 단골 고객이 친구 셋을 데리고 맛있는 간식을 들고 찾아왔다. 며칠 전에 구매한 스카프를 두르고 친목회에 친구를 만나러 나갔다고 한다. 친구들이 스카프에 반하여 멋있다는 찬사를 보내면서 어디에서 구매했냐고 해서 데리고 왔다고 했다. 우선 커피부터 한 잔씩 대접했다.

고객의 취향과 그날의 패션과 얼굴에 맞는 디자인을 함께 연구하고 개발하면서 고객의 감성과 나의 감성이 일치했을 때 대단히 만족스럽다. 다양한 스카프를 연출해가며 지루한 줄 모르고 함께 고민하면서 고객과 인내한 덕분이다. 결국 고객이 동참했기에 이룬 성과다. 고객과 나는 스카프를 연출해가며 함께 즐기면서 놀았다. 이런 경험을 통해 만족한 고객은 오랜 단골이 된다.

현대백화점 본점에서 스카프 판매를 할 때였다. 스카프 판매원이 모자라 인터넷에 알바를 구한다는 광고를 냈었다. 어떤 여학생이 알바를 구한다는 구인 광고 아래에 '스카프 알바는 절대 안함'이라는 글을 써 놓았다. 스카프 판매를 하려면 하루 종일 스카프를 펼치고 개어놓으며 일을 해야 한다. 얼마나 힘이 들었으면 그랬을까?
그러나 나의 바로 아래 동생의 둘째 딸은 하루 종일 스카프 판매를 하며 즐거워했다. 고객에게 어울리는 것을 선택하여 주며 즐기면서 일을 했다. 조카는 무엇이든 진취적인 모습이어서 보기 좋았다. 단골손님도 많았다. 조카는 단골손님을 만드는 비법을 알고 있었다.

4장

장사는
절대 혼자서는 못 한다

01
작은 가게라면
돈보다 사람을 벌어야 한다

처음 동대문시장에 들어왔을 때 구석진 나의 작은 가게는 '여기서 꼭 일어나야 한다는 각오'와 '일어날 수 있다는 희망'으로 가득차 있었다. 그러나 어떠한 계획이나 경험도 없었다. 단지 '고객은 왕이다'라는 문구를 생각하며 많은 고객을 확보해서 사람을 벌어야 한다는 생각밖에 안 했다. 아무도 모르는 낯선 곳에서 장사해서 일어날 길은 오직 한 분 한 분이 모두 소중한 나의 고객이라고 생각하는 것뿐이었다. 나의 진심이 통했는지 고객이 모이면서 우리 매장은 늘 많은 고객으로 늘 가득차게 되었다.

장사하기 위해서는 집보다는 먼저 우리 소유의 매장이 있어야 한다는 생각이 있었다. 마음 놓고 장사할 수 있는 안정된 매장이 있어야 마음 편하게 일을 하며 돈을 벌 수 있는 것이다. 세를 얻어 장사를 하게 되면 기한이 되었을 때 재계약을 하고 가겟세도 올려 주어야 하며 혹시 다른 상인에 의해 밀려날 수도 있다. 잘못 하다가는 낙동강 오리알 신세가 되고 말 것이다. 가게를 살 수 있을 때까지는 허리띠 졸라매고 지출을 줄이며 저축을 해야만 했다.

'한 술 밥에 배부르지 않다.' 미래에 편안하게 살아가기 위해서는 현재의 불편을 감수해야 한다. 단돈 천 원이라도 아껴야 했다. 사치는 피했다. 그래야 가게도 살 수 있고 집도 살 수 있기 때문이다. 장기적 안목으로 짧게는 오 년, 길게는 십 년을 내다보며 꾸준히 인내를 키우며 노력했다.

우리는 장사 시작한 지 3년 만에 우리 옆 가게 임대권을 매입해 3칸으로 늘려 확장했다. 시민아파트에서 북아현 맨션 32평 아파트를 구입하여 이사도 했다. 그 당시 아들이 1학년 때였다.

"엄마! 나 이 집에서 할아버지 될 때까지 살 거야" 해서 한바탕 웃고 지나갔다. 몇 년이 지나고 아들이 하는 말,

"이 집이 큰 집이 아니었어. 엄마 땅 있는 집으로 이사 가자."

사람의 마음은 이렇게 변한다.

임대 매장이라는 것은 장사가 잘 될 때는 오르지만 안 될 때는 언제 내릴지 모르는 것이었다. 안정적으로 장사할 수 있는 지주권(땅의 주권을 인정받는 자리)이 있는 시장으로 가기로 결정을 하였다. 장사 잘

되는 목이 좋은 곳으로 매장을 하나 계약을 하였다. 며칠 후에 부동산에서 전화가 왔다. 그쪽에서 사정이 생겨서 해약을 하자고 한다는 전갈이었다. 위약금을 준다고 했다.

"여보, 부동산에서 위약금 받아준다는데 당신의 생각은 어때?"

남편이 내게 물었다. 나는 생각할 필요도 없었다.

"여보, 그쪽에서 사정이 있어서 못 파는데 우리가 계약을 했다고 해서 위약금 바라는 것은 불로소득이야. 남의 돈 공짜로 먹어서 좋을 일 하나도 없을 것 같아. 우리는 본전만 받아요."

"그렇지? 나도 당신과 똑같은 생각이야. 우리가 남의 돈 공짜로 얻어서 무슨 영광을 바라겠어."

우리는 보상금은 사양하고 본전만 돌려받았다. 그때 우리보고 바보 같은 짓을 한다는 사람들도 있었다.

"그래요. 우리는 바보인가 봐요" 하며 웃으며 흘려버렸다.

그 후 우리 〈수미사〉는 법 없이도 사는 부부라고 소문이 났다. 많은 사람들이 우리를 칭찬하면서 우리는 좋은 사람들을 벌었던 것이다. 그 부동산에서는 그보다 더 좋은 가게를 소개받아 아직도 그 가게는 보유하고 있다. 하느님께서 우리에게 더 큰 복을 내려 주신 것이다.

재물이란 눈에 보이지 않는 무형의 재산이다. 재산이 많든 적든 손에 쥐고 있는 것은 아니다. 다만 계산상으로 얼마가 있다는 가상의 숫자일 뿐이다. 억만금이 있다고 해서 손으로 들고 다니는 것도 아니다. 결국 죽을 때 한 푼도 못 가져간다.

얼마간 세월이 지난 다음 해약한 이유를 알았다. 상가 회장이 우리와 비슷한 보세 여성 의류를 했는데, 우리가 그 상가에 들어가면 자신들의 장사에 지장이 있을 것을 염려하여 결사반대를 하였던 것이다. 사정을 알았을 때 그 회장은 상가에서 장사를 그만둔 후였다. 오래 장사도 하지 못하면서 남에게 피해를 입히려 했다는 것을 알았다.

그 후 십여 년이 지난 어느 날 어떤 결혼식장에서 그때 가게 계약했었던 사장님을 만났다. "그때 해약해줘서 지금 그 가게에서 생활비가 나와서 잘 먹고 잘 살고 있다"고 감사의 인사를 했다. 좋은 일을 하니까 이러한 인사를 받는 것이었다. '원수는 외나무다리에서 만난다.'고 했다. 그 당시에 위약금이라도 받았더라면 스스로 매우 추하게 느껴졌을 것이다. 남의 것을 탐하지 않고 순리대로 살아가는 것이 행복하게 살아갈 수 있다는 길이라는 생각을 했다. 그 결과 그 사장님은 가게를 안 팔아서 오래도록 생활비가 나올 수 있어서 좋았고, 우리는 더 좋은 가게를 살 수 있었다. 남을 해코지하지 않으면 행운이 온다.

용산 우체국이 있는 자리 뒷길에는 보세시장이 형성되어 장사가 잘되었다. 미군기지 후문이라 외국인 고객이 많았다. 쌍둥이네 가게가 있었다. 쌍둥이 엄마는 착하고 장사도 잘해 우리 가게 물건을 많이 가져다 팔았다. 그 당시에는 수출 원단을 구매하여 옷을 디자인하여 히트 칠 때였다.

쌍둥이 엄마는 외상으로 물건을 사가면서 세 번에 나누어준다고 하며 한 번은 팔십만 원을 주고 갔다. 중간에 다른 물건도 사가지고 갔다. 그러는 중에 두 번째 팔십만 원을 주고 갔다. 헷갈릴 것 같아서 메모지에 적어놓았다. 세 번을 다 주고 갔다. 그 다음에 한참이 지났다. 바쁘게 가게 문을 닫는데 갑자기 쌍둥이 엄마가 와서 나머지 잔고 팔십만 원이라고 하며 던져 주고 갔다. 내가 착각했나 하고 집에 와 장부를 보니 한 번 더 받은 것이었다.

그때는 돈에 쪼들릴 때였다. 이거 그냥 써? 순간 마음이 흔들렸다. 내일 돌려 줘야지, 아니 내일 당장 쓸 일이 있는데 다음에 벌어서 갚을까? 별의별 생각을 하며 잠이 들었다. 밤새 꿈을 꾸면서 악몽에 시달렸다. 아침에 눈을 뜨니 머리가 아팠다. 매장에 나가자마자 전화를 했다.

"어제 80만 원 준 것 되돌려 주려고요. 세 번 다 갚았어요. 날짜는 언제, 언제 주었어요. 이따 찾아가세요."

"돌려주셔서 고마워요. 근데 밤새 고민 많았겠어요."

자신도 그 상황이라면 고민을 많이 했으리라 생각한 것이었다. 원래 남의 것은 탐하는 것은 죄악이다. 길거리에 떨어진 지갑이 무서워서 보고 도망친 적도 있었다. 아무리 없고 쪼들리고 살아도 사람은 마음이 편해야 한다는 것을 절실하게 느낀 사건이었다. 그래서 부동산에서 위약금을 받아 준다고 해도 거절했던 것이다. 이렇게 정직하게 살아온 〈수미사〉였기에 많은 사람들이 몰렸다. 한 분 한 분의 고객이 많아지면서 사람을 벌었다. 돈은 사람을 벌면서 저절로 늘어나고 있었다. 고객은 바로 나의 재산이었다. 작은 가게라면 돈보다 사람을 벌어야 한다. 그 다음에 돈은 저절로 따라오게 된다.

02
기본을 지키는 것이 가장 중요하다

"이것을 상품이라고 가지고 오셨나요? 사장님 마음에 드시나요?"

전화기 속의 날카로운 여자의 목소리가 나를 질책하고 있었다. 얼마 전 매장으로 전화가 걸려왔다. 한국양성평등교육진흥원(이하 양평원)에서 스카프 주문을 하려는 전화였다. 샘플을 요청해 왔다. 관공서에서의 주문은 여러 가지 서류도 복잡하거니와 권위적인 느낌이라 별로 기대를 하지 않고 있었다.

샘플만 만들어가는 곳이 많았으며 거래가 성사되는 것은 별로 없었기에 잊어버리고 있었다. 그런데 디자인을 개발한 교수님과 직원이 우리 매장을 방문하였다. 대화를 하는 중간에 교수님은 서울과학기술대학교 대학원(이하 과기대학원)에 다니시는 분이라는 것을 알게 되었다. 그때 나는 대학원에 합격하여 저녁에 오리엔테이션에 참석하게 되어 있었다. 직원은 서울과기대학교 졸업을 하였다고 했다. 대학원 선배님이자 대학교 선배라는 얘기에 가슴이 설레고 있었다. 태어나 살아오면서 처음으로 대학교, 대학원 선배와 갑자기 만나 담소를 나누게 되었다는 자체가 감격이었다. 나에게도 이제는 대학교, 대학원 선배님, 후배님들이 있다는 자체가 희열을 느낄 정도로 좋았다. 이제는 나에게도 선배님들이 있다는 자부심을 가질 수 있었다.

샘플이 급하다고 빨리 만들어달라고 했다. 관공서 같은 곳과는 거래를 잘 하지 않는 편이었다. 거래를 하다 보면 샘플 값을 받기도 힘들고 주려고 하지도 않았기에 웬만하면 주문에 신경을 쓰지 않았다. 그러나 꼭 해달라는 부탁을 하는 것이었다. 나는 넓은 마음을 갖기로 했다.

"선배님들을 만나서 행복합니다. 이 주문이 성사되지 않더라도 좋습니다. 샘플 제작하는데 삼십만 원 정도 들어가지만 저녁 식사 대접한다고 생각하고 하겠습니다."

이렇게 해서 샘플 제작에 들어갔다. 그런데 급하다고 재촉하는 바람에 샘플을 제작하여 우리가 마무리를 하지 않고 또 검토하지 않은 상태에서 미완성으로 양평원에 보내게 되었다.

남편과 이것을 진행할지 말지 의논하였다. 주문량은 3,000장 정도였다. 남편은 관공서는 까다롭고 마진도 없으니 웬만하면 그만두라고 했다. 다음 날 나는 양평원으로 향했다. 사무실에 도착하니 샘플이 나와 있었다. 그런데 내가 봐도 샘플은 엉망이었다. 급하게 서두르는 바람에 마무리 공정인 바느질하는 공장을 거치지 않고 프린트 공장에서 직접 보냈던 것이다.

가장자리에 실은 너덜너덜 나와 있었다. 아뿔싸! 이 정도일 줄은 꿈에도 몰랐다. 다음부터는 아무리 급하다고 해도 절대 마무리하지 않고는 상품의 샘플을 내보내지 말아야겠다는 결심을 했다. 아무리 급하다고 해도 오더를 한 그분들이 바쁘지 내가 바쁜 것은 아니다.

기본을 지키는 것이 무엇보다 중요하다는 것을 뼈저리게 실감했다. 바쁘다고 해서 이리 저리 끌려 다니다 보면 내가 신용을 잃게 된다는 것을 다시 한 번 느낄 수 있었다.

전화가 왔다. 실장님이 나를 바꿔주었다. 다짜고짜 따져 물으셨다.

"이것을 상품이라고 가지고 오셨나요? 사장님 마음에 드시나요?"

날카로운 여자의 목소리였다.

"아니요, 제 마음에도 안 드는데요." 나는 수긍하며 대답하였다.

"이런 식으로 사업을 해도 되는 겁니까?" 전화의 목소리는 매우 날카로웠다.

"성의가 없어 보입니다. 이렇게 해서 무슨 스카프가 제대로 나오겠습니까?"

따발총 쏘듯 계속 퍼붓기 시작하였다.

'도대체 내가 무얼 하고 있는 거지.'

칠십 평생 살면서 남한테 이렇게 야단을 맞는 게 처음 있는 일이라 나는 좀 당황했다. 그러던 중에,

"이런 식으로 할 거면 그만두어야 하는 것 아닌가요?" 하는 순간에 기회다 싶어서 얼른 대답했다.

"네, 그만 두겠습니다" 하고 대답을 했다.

그 다음에는 더 큰 역정을 내시면서,

"한국을 대표하는 스카프 사업을 하시면서 그런 식으로 사업을 하십니까? 외국 바이어가 와서 상담하다가 마음에 안 들면, 안 한다고 하면 그만입니까? 그건 나라 망신시키는 것 아닌가요? 가격은 그렇게 비싸게 해도 되는 겁니까? 양평원은 국가기관입니다. 국가 재산은 막 써도 된다고 생각하십니까?" 하시며 계속 나무라고 있었다. 내가 이 나이에 스카프 안 팔면 그만이지 왜 이렇게 젊은 여자한테 야단을 맞고 있는 거지, 전화를 내던지고 싶은 심정이었다.

참는 데까지 참아보자. 그래도 그곳의 수장이거늘 하며 계속 듣고 있었다. 그런데 듣고 있으면서 논리정연하게 야단치는 것에 끌림이 오고 있었다. 내가 이 나이에 이렇게 모욕을 당하고 있다니. 여태 살면서 칭찬만 들어온 나이거늘, 아흔아홉 사람이 나에게 좋다고 칭찬을 했거늘. 그런데 한 사람에게 꾸중을 듣고 있다. 잘못을 한 것은 사실이다. 그렇다면 아흔아홉 사람보다 한 사람의 질책을 받아들이고 고쳐야 하는 것이 맞을 것 같았다. 이 정도로 나를 야단칠 수 있는 사람은 무엇인가 내가 배울 수 있는 스승도 될 수 있겠다는 확신이 들었다. 한참을 속사포 쏘듯 하더니 "어떻게 하실 건가요?" 하고 물어

오셨다. 나는 그때 자신감 있게 대답했다.

"네, 다시 해가겠습니다."

"언제까지 해오실 건가요?"

"화요일까지 해 가겠습니다."

나는 그 길로 원단을 수배하고 프린트 공장으로 바쁘게 돌아다녔다. 내가 받았던 질책과 수모를 만회해야 한다는 생각밖에 없었다.

다음 날부터 다시 샘플작업을 하여 일주일 만에 양평원에 보냈다. 그 다음 날 양평원에 들어갔다. 그때 처음으로 김행 원장님을 만나게 되었다. 샘플이 마음에 들었다고 하시며 악수를 청하며 수고했다고 하셨다. 나는 "이익 없이 재능 기부 하겠습니다" 하고 자리를 나왔다.

양평원에서 오더를 받는 데 성공했다. 일이 많아져서 프린트 공장 생산 라인에서 전담으로 뛰어주는 직원이 있었지만 양평원의 납품만은 내가 직접 뛰어야 납품 날짜 약속을 지킬 것 같았다. 직원은 즉시 판단을 내리지 못하기에 전달하는 시간을 절약해야 했다.

그 전까지는 직원이 모든 것을 책임지고 일을 하였다. 상품의 판매는 우리 매장에서 내가 직접 판매를 하였기에 웬만한 것은 다 통과를 해 주었다. 그러나 이런 납품 건은 잘못하여 클레임이 걸리면 몽땅 손해를 보아야 하는 경우가 있기에, 내가 직접 보고 뛰는 것이 실수를 줄일 수 있는 일이었다. 새벽부터 바쁘게 뛰지 않으면 안 되었다.

원단 선택도 정확해야 한다. 원단에 따라 컬러가 다르게 나오기 때문에 한 라인에서 나오는 원단을 써야 한다. 그중에 한 롤이라도 다르면 원단에 따라 같은 염료를 사용해도 다른 컬러가 나와 버리기 때문에 원단 구입에 신경을 써야 한다. 몇천 야드 이상 되는 원단은 수입하여 쓰면 되는데 천 야드 미만은 시중에서 구매해야 한다. 같은 라벨의 상품을 써야 하기에 여러 군데 수소문하여 구매해야 했다.

프린트 공장은 항상 돌아가야 하기에 어쩌다 프린트를 하려면 날짜 잡는 날이 쉽지는 않았다. 그러나 우리〈수미사〉는 장사가 잘될 때 많은 물량을 주문하여 신용 있게 결제를 하였기에 빠른 날짜를 선택하여 작업을 해주기로 약속이 되었다.

그런데 갑자기 프린트 공장에서 전화가 왔다. 양평원 납품 스카프 제작에 문제가 생겼다는 것이다. 남편과 나는 공장으로 달려갔다. 스카프 찍는 과정에서 스카프에 불량이 발견되었다는 것이었다. '아니 정품인데 무슨 이런 일이 있을까?'

프린트 하는 도중에 스톱 상태에서 전화를 한 상황이었다. 살펴보니 원단에 전체적으로 미세하게 얼룩이 묻어 있었다. 이 얼룩은 프린트 끝나고 마무리 과정인 수세하는 과정에서 빠져 나갈 수도 있다고 했다. 그러나 만에 하나 빠지지 않는다면 그대로 불량으로 남는다는 것이었다. 공장에서는 책임을 지지 않으려고 우리를 불렀다. 누구도 장담할 수 없는 상태였기에 함부로 대답할 수 없었.

작업 과정은 반은 진행된 상태였다. 여기서 중단하면 원단 반은 건진다. 그대로 진행하여 전체가 불량으로 나왔을 때는 몽땅 손해를 본다. 금액으로 환산하였을 때 전체 금액은 일천만 원. 중단하였을 때는 오백만 원은 건진다. 여기서 중단한다면 오백만 원만 손해 본다. 그대로 진행했을 때 모두 불량이 나왔을 때에는 천만 원 전부를 손해 본다. 불행 중 다행으로 모든 처리가 잘 되어 완제품이 나온다면 천만 원은 건지는 것이었다.

남편은 나에게 "당신 어떻게 할 거야? 손해 봐도 할 수 없으니, 당신이 알아서 결정해." 나는 잠시 생각했다. 이대로 멈추면 우리는 오백만 원의 손해만을 볼 수 있다. 오백만 원은 건질 수 있는 것이었다. 하지만 확실하지 않은 결과를 놓고 '불량이 나올 것 같아서 중단했다'고 한다면 나는 완전히 신용 없는 사람이 될 것이다. 그러나 천만 원의 손해를 무릅쓰고 끝까지 진행해서 전부 불량으로 인해 납품을 못 한다면 내가 천만 원의 손해를 보는 것은 사실이다. 그러나 신용에는 문제가 없을 것이다. 노력의 흔적이 역력하기에 어쩔 수 없는 현실 앞에서 나는 신용을 완전히 잃지는 않을 것이다. 천만 원의 손해를 감수하기로 했다. 나는 그대로 밀고 나가기로 했다. 어차피 오백만 원 손해 보나 천만 원 손해 보나 내가 오백만 원으로 신용을 잃을 수는 없는 것이었다.

내가 손해 보는 것은 어쩔 수 없는 일이지만 양평원 원장님의 계획이 어긋날 것을 생각하니 앞이 캄캄했다. 나는 만약에 전부 불량으로 나올 경우를 생각해서 바로 프린트 할 수 있게 여러 군데 원단을 수배해 보았다. 다행히 원단은 몇 군데 있었다.
　하느님 도와주세요! 성모님 열심히 노력하며 살아 왔습니다. 저를 도와주세요! 자나 깨나 오로지 기도였다. 프린트가 나오기까지 3일 걸렸다. 하루가 왜 그리 길었던지 3일 보내는데 살면서 그리 시간이 안 가는 것을 처음 느꼈다. 프린트 사정으로 날짜가 하루 늦춰졌다 프린트가 나오는 날, 아침 일찍 공장으로 달려갔다.

　한 롤, 두 롤, 세 롤…. 감사합니다. 중간에 또 한 롤, 감사합니다. 끝에 한 롤까지 감사합니다. 한 롤 한 롤 풀 때마다 감사의 기도가 절로 나오고 있었다.
　"오 하느님 감사합니다. 성모님 감사합니다. 감사합니다. 이런 기적 같은 일은 열심히 기도한 보람일까, 열심히 살아온 나의 흔적일까? 좋은 일 많이 하며 살겠습니다. 감사합니다." 불량이 싹 사라지고 없었다. 어찌 이런 기적 같은 일이! 혼신을 다하여 기도를 하였다. 하느님은 나의 기도를 들어주셨다. 열심히 신용을 지키려고 노력해 온 나의 정성에 감동하셨다고 생각해 본다.

　이렇게 해서 스카프가 완성이 되기까지 많은 우여곡절이 있었고 다행스럽게도 무사히 납품하게 되었다. 나는 다시 신용을 회복하게 되었다. 마음이 날아갈 듯 가벼웠다.
　나머지 일을 마무리하려고 양평원에 들어갔더니 원장님이 나오셔서, 내가 TV 출연했던 모습이며 '주간조선'에 기사가 난 것을 보고 스카프 주문을 했다고 하셨다.

"교수가 꿈이시라면서요?"

"네."

"우리 양성평등원에 아카데미가 있습니다. 외래교수 타이틀을 드릴 테니 전국으로 다니시면서 강의를 해주세요."

"네?"

나는 깜짝 놀랐다.

"다음 달 5일에 외래교수 수여식 먼저 하시고 우선 우리 식구들 앞에서 먼저 강의해주세요. 우리 직원들 100명 가깝게 참석할 겁니다."

순간 눈물이 흘러내렸다. 어찌 내가 외래교수의 타이틀을! 꿈같은 일이 벌어지고 있었다. 어찌 세상에 이런 일도 일어날 수 있단 말인가!

드디어 꽃다발 증정식과 외래 타이틀 수여식이 끝나고 강의가 시작되었다. 처음엔 떨렸지만 어느새 말이 술술 나오고 있었다. 나의 이야기였기에 부담 없이 편하게 할 수 있었다. 그때부터 부산, 울산, 경기 등 전국을 돌며 강의를 하며 외래교수의 임무를 수행하고 다녔다.

밤에 잠이 오지 않았다. 원장님이 야단치실 때 전화기를 던지고 나왔더라면 어쩔 뻔했을까? 내가 참길 잘 했지. '참는 자에게 복이 온다'고 했다. 이렇게 좋은 일이!

'하느님 감사합니다. 성모님 감사합니다.'

 나의 꿈은 이루어졌다. 많은 시련과 고통을 참고 견디어왔다. 모진 굴욕도 참고 이겨냈다. 참고 견디어 낼 수 있는 인내력 덕분에 기적 같은 꿈을 이룰 수 있었다.

 장사는 기본을 지키는 것이 원칙이다. 그 원칙을 무시하고 진행했다가 갖은 모욕을 당했다. 그러나 그 모욕을 참고 견딘 덕분에 신용을 회복하게 되었고 외래교수의 명예까지 얻을 수 있었다.

03
무엇보다 중요한 것은 진심이다

처음 동대문시장에 들어갔던 그때는 너무나 순진했다. 처음 보는 사람이 내일 와서 줄 테니 외상으로 달라고 하면 믿고 주었다. 고객이 외상 달라고 말하면 거절도 못했다. 하지만 십중팔구는 다시 오지 않았다. 언젠가는 오겠지 하는 생각으로 믿고 또 믿었다. 어떤 고객은 처음에는 신용을 잘 지킨다. 그러다가 나중에는 점점 액수가 커지면서 마지막에 크게 한 번 가져가고 오리무중이었다. 전화도 바꾸어버리고 행방불명이 되어버린다. 남의 돈 떼어먹고 잘 살 수 있을까? 그들의 행동은 무엇보다 남을 속이는 거짓 삶이었다.

남편의 사업으로 남의 돈을 빌려다 쓴 적이 있었다. 그러다 남편 회사의 부도가 났다. 어찌 해야 할까? 도망가고 싶은 심정이었다. 어디라도 숨어버리고 싶었다. 정신 차리자. 그럴수록 더욱 가까이 다가갔다. 나는 자주 연락을 하며 전화를 했다.

"죄송합니다. 이자를 못 드려 죄송합니다. 형편 되는 대로 분할해서 갚겠습니다."

시장에 나가 천 원짜리 생선을 사면서도 빚쟁이가 나를 본다면 빚진 주제에 생선을 먹는다고 나무랄 것 같은 마음이 들었다. '빚진 죄인'이라는 말을 실감했다. 우리는 먹을 것 안 먹고 열심히 푼돈이라도 생기면 모았다. 어떻게 하든 빚을 갚아야 한다는 일념뿐이었다. 돈이 생기는 대로 몇 년을 분할로 다 갚고 나니 평안하고 즐거운 세상을 맛볼 수 있었다. 고개를 들고 떳떳하게 하늘을 바라볼 수 있었다.

동대문시장에서 몇 년을 장사하면서 얻은 교훈이 있다.

"외상을 주면 물건도 없어지고 단골도 잃어버린다."

사실이었다. 그 시절에는 모두가 못 살았다. 밑천이 짧은 사람들은 외상 가져가서 팔아서 가져오면 좋은데, 그 팔은 돈으로 다른 가게에서 다른 물건을 사다 팔면서 남의 외상값은 갚지를 않는다. 우리 매장을 피해서 다니고 있었다. 빚을 진 사람이 갚으려고 노력하지 않으면 빚은 절대로 받을 수 없다.

"죄송합니다. 외상은 안 됩니다."

이 거절의 말을 하기를 10년이 걸렸다. 이렇게 거절하면서도 얼마나 미안했는지 모른다. 직원을 두면서 외상을 주면 당장 쫓아낸다고 으름장을 놓았다. 요즘은 카드가 있기에 그 자리에서 결제할 수 있는 환경이 되면서 외상이라는 말이 없어지는 것 같다.

바로 옆동 상가에 오래도록 장사하신 여자 사장님을 알게 되었다. 통통한 외모에 믿음이 갔다. 우리는 많은 제품을 생산하였기에 중간 도매로 거래를 하기 시작했다. 많은 물량이 오고 가면서 자연스레 외상이 쌓였다. 금액이 천만 원이 넘었다. 매일같이 100~200만 원이 입금되었다. 너무나 좋은 거래를 하면서 친하게 지냈다. 함께 세계여행도 하면서 잘 지내고 있었다.

그러나 여사장은 건강이 안 좋았다. 5년 전에 유방암 수술을 해서 다 나았지만 조금 안 좋다고 했다. 빠지는 날이 점점 많아졌다.

"내가 곧 일어나서 일하면 금방 갚을 거니까 걱정 말아요."

"네, 걱정 마시고 얼른 건강이나 챙기세요."

나는 걱정하지 않았다. 원래 건강한 체구였기에 곧 나을 것이라고 생각했다. 한 달 이상 지나도 연락이 없어서 전화를 했다. 남편이 받았다.

"우리 집사람 저 세상으로 떠났습니다."

순간 말문이 막혔다. 그렇게 건장하신 분이…. 순간 천만 원도 떠올랐다. 그 당시 천만 원이면 큰돈이었다. 북아현 아파트를 4,800만 원에 샀을 당시였다. 아이고, 내 돈 천만 원 어쩌나? 머릿속이 텅 비는 느낌이었다. 잠깐의 시간이 흘렀다. 정신을 차렸다. 죽음 앞에서 예의는 지켜야 했다.

"네, 고인의 명복을 빕니다."

전화를 끊고 멍하니 있었다. 참 허무하구나. 이것이 인생인가?

착했던 그 여사장은 죽음 앞에서 나의 외상값 때문에 마음이 무거웠을 것 같았다. 마지막 목소리가 여운으로 남으며 계속 들려왔다.

"걱정하지 말아요. 내가 곧 일어나서 그 빚 다 갚을 테니 걱정 말아요."

천만 원이란 돈을 남편이 갚아줄 이유는 없을 것 같았다. 그분의 남편은 직장인으로 마누라가 하는 일을 전혀 모르고 있었다. 죽어서도 우리 〈수미사〉의 빚 때문에 편하게 죽지 못했을 것 같았다. 그래, 어차피 저 세상으로 떠난 사람, 없어진 돈이라면 죽은 사람 편안하게 해 주자. 다음 날 나는 여사장님 남편에게 전화를 했다.

"어제 전화 드렸던 〈수미사〉라고 합니다. 사실 저희 가게와의 거래에서 천만 원의 미수금이 있습니다만 저 세상으로 떠나신 분인데 빚 때문에 편하게 눈을 감지 못했을 것 같습니다. 사장님 영전에 가시거든 우리 〈수미사〉에서 모든 빚을 탕감하여 없는 것으로 하겠다고 전해 주세요. 그래야만 여 사장님도 우리도 모든 것을 다 잊을 수 있을 것입니다. 이것은 저의 진심입니다. 전해주십시오."

남편은 한동안 말이 없었다.

"감사합니다. 우리 집 사람이 노트에 받을 돈을 적어놓은 곳이 여러 군데 있어서 전화를 했더니 모두가 모른다고 딱 잡아떼었습니다. 이렇게 빚을 탕감해주신다니 집사람이 얼마나 좋아하겠습니까? 네, 분명히 전하겠습니다. 감사합니다."

"중학교 다니는 아드님이 있다고 들었습니다. 아드님과 함께 편안하게 잘 지내시기를 기원합니다."

"이렇게 고마울 데가…."

여사장의 남편은 말을 잇지 못하고 있었다.

"안녕히 계십시오."

전화를 끊고 나니 천만 원의 금액은 아까웠지만 마음이 편했다. 이승에서 진 빚을 갚지 못해 죽음을 맞이해서도 편하지 못했을 한 사람의 죽음을 편안하게 할 수 있는 환경을 만들어 주었다. 또한 내 마음도 다 비웠다. 모든 것을 다 잊고 편안해질 수 있었다.

그 후로 우리는 천만 원을 깨끗이 잊어버리고 열심히 노력하며 장사했다. 장사는 승승장구 잘되고 있었다. 어느 날 문득 생각이 났다. 갚지 못한 빚 때문에 편하게 죽지를 못했을 여사장의 빚을 탕감해 주어서 감사의 의미로 하늘에서 우리가 잘되게 빌어준 것일까? 생각하며 감사의 기도를 드린다. 나는 마음이 행복했다. 단골 고객을 떠나한 사람의 죽음 앞에서 여사장을 편안하게 쉴 수 있게 했다. 이렇게 마음을 비웠을 때 아까운 것이 없었다. 무엇보다 중요한 것은 마음에서 우러나오는 나의 진심이었다.

04
장사는 절대
혼자서는 못 한다

동대문시장에 들어올 때 빚을 얻어서 들어왔기에 짧은 밑천으로 시작하였다. 밑천은 재고가 쌓이면서 금방 없어져버리고 말았다. 돈을 계속 빌려야 했다. 남편은 나에게 신신당부했다. "돈이 없다고 말하면 안 돼. 그럼 장사도 안 돼. 장사가 잘된다고 해야 돈도 잘 빌릴 수 있는 거야." 남들에게는 절대 노출되어서는 안 되는 일급비밀이었다.

"당신 친구한테 돈 좀 빌려봐. 우리가 장사를 이끌어 나가려면 밑천이 좀 더 있어야 할 것 같아."

"여보! 난 돈 빌리는 건 절대 못해. 어떻게 돈을 빌려달라고 얘기해. 그건 안 돼."

나는 단호했다.

"한 번 연구해봐. 돈을 빌려서라도 장사를 계속 해야 해. 이겨나가야 해. 이 길이 우리가 살 길이야. 빚도 재산의 일부라고 했어. 빚을 내어 융통성 있게 어려운 고비를 넘길 수 있어야 해. 그래야 우리가 성공할 수 있어."

나는 속은 새까맣게 타들어가도 장사가 잘되는 것처럼 활달하게 다녔다. 친구들이 "장사 잘되니?" 하고 물으면,

"응, 잘돼. 바빠서 점심도 못 먹었어!"

하면서 미소를 지으며 대답했다. 나는 말수가 적은 편이었다. 남과 대화도 잘 안 했다. 그러나 잘 살아보겠다는 굳은 신념을 가지면서 차츰 변화하기 시작했다. 그러나 돈을 빌려달라는 얘기는 정말 하고 싶지 않았다. 그러나 어쩔 수 없는 상태였다. 나는 고민이 많았다. 어떤 식으로 돈을 빌려달라고 해야 하나 나는 걱정이 많았다. 용기를 내어 전화했다.

"뭐 해? 점심 먹으러 나와. 여기 설렁탕 맛있어."

"그래. 오늘은 바쁘고 내일 나갈게."

나는 돈을 빌려달라는 말도 못 하고 전화를 끊었다. 다음 날 친구가 나왔다. 우리는 매장에서 설렁탕을 먹으며 옷도 입어보고 손님과 커피를 마시며 시간을 보냈다. 도저히 돈 빌려달라는 말이 안 나왔다. 그렇게 그냥 친구를 돌려보냈다. 돈을 빌리는 것만큼 힘든 것이 없었다. 만약 돈이 없다면 거절하는 쪽에서는 더 미안할 것 같았다. 나는 궁리를 했다. 돈의 여유가 있어 보이는 친구에게 전화를 했다. 씩씩한 말투로 말을 했다.

"나야. 뭐 좀 물어볼 게 있어서."

"응, 그래. 뭔데?"

"우리가 지금 공장에서 물건을 많이 샀는데 돈이 좀 모자라서 그래. 돈이 있으며 빌릴 수 있을까 하고."

"그래. 얼마나?"

"응, 이천만 원 정도 있으면 두 달만 쓰고 줄게."

"그래, 알았어. 빌려줄게."

"고마워. 신세진 것 내가 꼭 갚을게, 이자는 2부로 주면 되겠지."

"그래, 알았어."

끊고 나니 휴우 한숨이 다 나왔다.

"여보, 나 이천만 원 빌렸어."

"그래? 당신 정말 수고했어, 이제 걱정 말고 물건 더 사서 열심히 장사하는 거야. 얼른 장사 열심히 해서 남의 돈부터 갚고 우리 돈 모으자."

비밀스럽게 얘기할 사람은 부부밖에 없었다. 장사 밑천은 한도 없었다. 보세 물량은 수량이 많았다. 그러나 판로는 제한적이었다. 국내에서는 판매가 저조하였다. 한번 닦아놓은 길로 다시 가는 것은 쉬웠다. 친구들은 내가 돈 얘기만 하면 나를 믿고 얼마든지 빌려주었다. 아무리 장사가 잘된다고 해도 믿지 못하면 안 빌려주는 것이다.

그동안 성실하고 착실하게 살아온 결과라고 생각했다. 낭비 안 하고 헛소리 한 번 한 적이 없는 나였기에 친구들이 믿고 빌려 주는 것이 아닌가 생각했다. 감사하고 고마운 일이었다. 저녁마다 나의 기도는 이랬다.

"나를 믿고 돈을 빌려준 친구, 친지들에게 돈 꼭 갚을 수 있도록 현명한 머리를 주십시오. 히트 칠 수 있는 상품을 만들 수 있는 능력을 주세요."

장사 잘할 수 있게 해 달라는 나의 절실한 기도이었다. 옆에서 나를 믿고 돈을 빌려준 나의 친구, 친지들이 없었다면 나는 이렇게 성장하지 못하였을 것이다.

옆 가게 젊은 애기 엄마는 시어머니와 사이가 안 좋다고 했다. 그런데 아이들을 맡기고 있었다. 시어머니 용돈은 얼마나 드리느냐고 물어보았다. 하나도 안 드린다고 했다. 그건 잘못된 것이다. 장사도 이익이 생겨야 행복하고 즐겁게 한다. 시어머님도 아이들을 돌보면서 용돈이라도 생겨야 돈 만지는 재미와 더불어 애들을 돌보는 즐거움이 있을 것이다. 그러니 얼마가 됐건 어머님께 드려보라고 했다.

"짧은 밑천인 데다가 장사가 너무 안 돼서 용돈 드리기가 쉽지가 않아요."

"처음 드리는 것이니까 장사 잘되면 더 드린다고 하며 단 얼마라도 드려봐."

아침에 출근하며 다가오는 옆집 젊은 애기 엄마의 표정이 밝아져 있었다.

"감사해요. 돈을 드렸더니 어머니 표정이 밝아지면서 행복하셨어요."

그 후로 그 집에는 평화가 찾아왔다. 마음 편하게 장사를 할 수 있게 되었다.

나는 우리 아이들을 돌보아주시는 엄마께 늘 감사하게 생각한다. 고마움의 보답으로 용돈을 빼놓지 않고 드렸다. 장사가 안 되어 돈이 쪼들릴 때에는 그만 드리고 싶기도 했다. 옛날 말에 '자식한테 하는 것 십 분의 일만 하면 효자 소리 듣는다'는 말을 되새기며 살았다. 아이들이 유학을 갔을 때 자식을 위해서는 한 달에 몇백만 원씩 쓰면서도 엄마한테 쓰는 몇십만 원이 아까워서 못 드리는 일은 없어야 한다는 생각을 하며 아무리 쪼들려도 용돈은 빼놓지 않고 드리고 있다.

편하게 마음 놓고 장사를 하려면 내 주위부터 잘 다스려야 한다. 주위가 시끄럽고 불안하면 장사도 안 되고 마음도 불안하다. 돈을 많이 벌고 싶으면 주위부터 베풀어야 한다.

특히 내 아이들을 잘 돌보아줄 수 있는 사람들한테 후하게 베풀어야 한다. 마음 놓고 돈을 벌 수 있는 길은 그 길뿐인 것이다. 내가 돈을 버는 목적은 아이들을 잘 키우기 위한 것이다. 그리고 가정이 편안해야 돈을 벌 수 있다.

장사란 절대 혼자서는 못하는 것이다. 나를 위해 늘 기도해주시는 엄마, 나를 믿고 돈을 빌려주었던 친지·친구들, 우리 아이들 키워준 엄마와 도우미 아줌마들, 공장에서 우리 일을 열심히 해 준 사장님들, 나를 위해 반찬이며 김치를 담아주는 내 동생들, 말 한마디라도 잘되기를 기원해 주는 수많은 주위 분들…. 모두가 고마운 분들이다. 그리고 누구보다 나를 제일 잘 알고 항상 나를 지켜주며 짜증을 부리면 받아주고 토닥여주며 잘 할 수 있다고 격려해준 남편이 있었기에, 나는 마음 놓고 디자인하며 돈을 벌 수 있었다. 독불장군은 없다. 주위에서 많은 사람들이 나를 도와주었다. 혼자가 아니었기에 빠른 성공을 할 수 있었다. 장사는 절대 혼자서는 못 한다.

05
지금의 나를 만든 사랑스러운 가족들

부모님께 감사하며

　나의 엄마는 함경북도 길주군에서 큰 과수원을 하는 부잣집 딸이었다. 공부를 하고 싶었지만 할아버지께서 얼마나 엄하신지 여자가 공부하면 집안 망한다고 공부를 못 하게 했다고 한다. 외할아버지는 농업고등학교를 나오셔서 과수원을 운영하시면서 여자도 배워야 한다며 초등학교에 입학시켰다고 한다. 엄마는 공부가 너무 재미있었다고 했다.
　일본 지배하에 있었기에 일어로 배우며 공부했고 3학년 때 한글 수업이 없어졌다고 했다. 공부하는 한 과목이 없어져서 참 좋아했었는데 그것이 우리나라 말을 없애려고 했던 것을 전혀 몰랐던 철없던 시절이라고 하셨다. 학교에서는 한국말을 못 하게 했는데 하루는 친척 아저씨가 놀러와서 집에서 남동생과 일본 말로 싸우고 있는 걸 보시고는 "아이고 일본 놈이 다 되었네" 하며 혀를 차고 돌아앉으시던 게 생각이 난다고 하셨다.

엄마는 초등학교를 졸업하고 중학교에 가고 싶었는데 함경도 작은 마을에는 중학교가 없었다. 서울로 유학을 가야 하는 상황이었는데 아버지가 그것까지는 못하게 하셨다고 했다. 몰래 서울로 도망갈 생각까지 하였지만 도저히 실행을 할 용기가 나지 않았다고 하셨다. 그때 서울로 도망 와서 공부를 했었더라면 김활란 박사처럼 될 수 있었을 것이라며 후회하시는 모습을 본 적이 있었다. 김활란 박사님과 같은 시대에 살았던 모양이다.

엄마가 결혼 적령기가 되어 중매쟁이가 여러 군데서 신랑감 정보를 가지고 왔을 때, 외할아버지께서는 "배운 놈은 사람을 때리지는 않는다"고 하시며 서울대에 다니셨던 아버지를 선택하셨다고 한다.

결혼을 하고 시댁에서 살면서 쌀 곳간에 쌀이 바닥을 보이고 있었다고 했다. 이렇게 가난한 집도 있구나 하는 생각을 했다고 한다. 친정집에서 호의호식하며 살았던 엄마는 결혼 후에 먹는 것도 부실했고 입을 것도 없었다고 하셨다. 그때는 시집갈 때 잘 사는 집은 한복을 몇십 벌을 해가지고 갔었다고 했다. 한복을 뜯어 남편 옷을 만들어 입혔다고 하셨다.

외할머니는 이 소식을 듣고 장날 만나자고 해서 나가면 여러 가지 사주시고 돈을 주셔서 먹고 살았다고 한다. 아버지를 함경도로 불러 취직을 시켜드려 집을 마련하여 나와서 살게 되었다고 한다. 아버지는 적성에 맞지 않았는지 서울에 올라오셔서 경찰관으로 근무하셨다.

엄마는 1946년 해방 다음 해에 남동생과 서울에 올라오셨다. 남동생은 경성고등학교를 다니면서 공부를 열심히 잘했다. 그러나 방학 시작될 때에 함경북도 길주 집으로 돈 가지러 갔다가 38선이 막히는 바람에 서울로 영영 돌아오지 못했다고 한다.

엄마와 아버지는 나를 낳으면서 행복한 나날을 보냈다고 한다. 나는 우량아였다고 한다. 엄마 젖이 좋았던지 백일 때 고개도 제대로 가누지 못했다고 한다. 그래서 지금도 튼튼한가 보다. 가까운 친척도 없고 오직 딸 하나 낳아서 애지중지 키우며 재미있게 살았다. 이마는 짱구였다고 한다. 아버지는 장갑 낀 손으로 이마를 눌러 주곤 하셨다고 한다. 요즘 시대에는 복이 들어오는 이마라고 하여 돈 들여서 보톡스를 맞고 이마를 짱구로 만드는 시대이다. 요즘시대에 태어났으면 인기가 많았을 것을 그때 눌러놔서 그런지 이마가 넓기는 해도 짱구는 아닌 것이다.

1950년 6·25 사변이 나자 아버지는 먼저 피난을 가시고 우리는 뒤를 따라 갔었다. 나는 그때 4살이었다. 구루마에 실려 가다가 뒤로 벌렁 넘어갔던 기억이 난다. 우리는 부산까지 피난을 갔었다. 돌아오는 길은 아수라장이었다. 경찰인 아버지는 단체로 서울로 먼저 올라가시고 우리는 따로 기차를 타고 올라왔다. 서울이 수복되어 기차를 서로 먼저 타려고 이리 밀리고 저리 밀리는 북새통에 엄마는 어린 나를 보고

"너 여기 가만히 있어. 엄마 아줌마 찾아보고 올게. 절대 다른 데 가면 안 돼!"

그러고는 기차에서 내렸다. 나는 서로 타려고 아우성이었던 사람들에 밀려서 울면서 기차에 내려서 엄마를 찾기 시작했다. 울면서 기차 앞을 돌아 반대편으로 엄마를 부르며 울고 다니는데 마침 아줌마가 나를 봤다.

"순희야, 이리 와!"

나는 아줌마의 무릎에 앉아 창 밖을 내다보고 있었다. 엄마가 동생을 업고 머리는 산발을 하고 순희야! 순희야! 부르며 정신 나간 사람이 되어 외치는 것이 보였다. 아줌마가 보시고는 "순희 여기 있어요!" 하고 소리를 쳤다. 엄마는 얼른 기차를 타는 것이 보였다. 나는 엄마를 보자마자 얼싸안고 한참을 울었던 기억이 난다. 기차에 올라와서 엄마는 둘째를 업고 나는 큰 이불 보따리 위에 올려놓았다. 기차가 한참 달리고 있는데 내가 안 보이고 큰 이불 보따리가 그 자리에 있었다. 엄마는 너무 놀라서 이불 보따리를 제쳤더니 그 아래 내가 깔려 있었다고 했다. 울지도 않고 그대로 벌렁 누워 있었다고 한다. 그때 얼마나 놀랐던지 며칠을 가슴이 벌렁거렸다고 한다.

서울로 수복되어 식구가 모여 살게 되었을 때. 경찰관들의 자리 이

동이 있었다고 했다. 아버지는 사업을 하신다고 사표를 내셨다고 한다. 경험도 없고 아는 사람도 없었고 세상 천지에 의논할 사람도 없었다. 사업에 사자도 모르시는 분이 사업을 하시니 잘될 리가 없었다. 우리는 그때부터 고생길에 들어서게 되었다.

시간이 흐르면서 이북에서 내려오신 핏줄을 만나게 되었다. 이북에서 어릴 때 함께 자랐던 먼 친척을 만나게 되었다. 우리는 일가친척으로 아버지의 할아버지 형제의 자손인 당숙이 한 분 계셨다. 우리는 큰아버지라고 불렀다. 그리고 8촌 누나뻘 되는(고모라고 불렀다) 두 집밖에 없었다. 먹고 살기 바빠서 자주 만나지를 못 했다. 명절 때에만 가끔 만나는 가족이었다.

족보를 따지면 멀리 떨어진 핏줄이었지만 오직 세 집이기에 친형제보다 더 친하게 살게 되었다. 그러나 우리가 못 살았기에 제일 걱정이었다. 정 먹을 것이 없을 때는 나는 쌀을 얻으러 갔었다. 내가 아니면 갈 사람이 없었다. 정말 가기 싫어서 미적거리다 할 수 없이 가기도 했다.

세월이 지나면서 우리는 어떻게든 버티며 살아왔다. 아이가 없는 부잣집에서 딸 하나 달라고 달라붙는 사람들도 있었다. 엄마는 굶기는 것이 안타까워 가서 배부르게 먹이고 싶어서 아버지한테 보내자고 했더니 허락을 안 해서 못 보냈다고 했다. 엄마도 말이 그렇지 정말 보내고 싶었다면 얼른 보내면 될 것이지만 엄마도 도저히 안 되겠기에 안 보낸 것이라고 생각한다. 만약에 하나라도 다른 집에 보냈더라면 우리는 지금처럼 행복하지는 않았을 것이다.

우리가 잘 살게 되면서 지금은 세 집 모두가 잘 사는 집이 되어 있다. 우리 생활이 나아지면서 쌀 얻어 먹었던 때를 생각하면서 보은의 보답을 하며 살아가고 있다. 그때를 생각하면 너무나 고맙고 감사한 일이다.

언제나 든든한 남편

나는 남편과 스물넷에 만나 스물일곱에 결혼했다. 4년의 연애기간 동안 애틋한 사랑의 탑을 쌓았다. 남편은 동갑내기다. 부부는 가장 가까운 친구이자 동반자이다. 장사로 생각한다면 가장 가까운 고객이다. 사글세를 살 때, 형편이 어려웠을 때는 잠시 원수 같을 때도 있었지만 그 감정은 금방 봄눈 녹듯이 사라지곤 했다. 그리고 연애시절을 생각하면 사랑의 감동이 다시 살아나곤 했다.

결혼 전 밀월여행을 떠나 찍었던 흑백 사진을 보며 내가 저렇게 청순할 때가 있었던가 싶다. 지금도 화장대 위에 올려놓은 빛바랜 흑백사진을 보며 '아름다운 무주 구천동의 감동적인 순간'에 젖어보곤 한다. 먼지 쌓인 박스 안에 보관되어 있는 손편지와 남편과의 추억이 담긴 사진들을 보면 한때는 무척 사랑했었는데 하는 생각을 한다.

반도 조선아케이드로 옮긴 지 몇 년이 지난 1970년도였다. 반도 조선아케이드 정문으로 들어오면 오른편에 하이파이 대리점이 있었다. 멋진 청년이 있었다. 고객이 뜸할 때면 올라와서 말을 걸으며 주위를 돌았다. 하루는 나에게 와서 손금을 봐준다며 내 손을 당겨서 보고 있었다. 그 다음은 반대쪽 손을 이리저리 만지고 있었다.

그 다음부터는 나에게 자주 올라와 먹을 것도 주면서 내 주위를 돌고 있었다. 그는 미리부터 치밀한 작전을 짜며 나에게 다가왔다. 가끔 올라와 농담도 하며 내려갔다. 싫지는 않았다. 그러면서 점점 가까워졌다. 그의 작전에 말려들고 말았다. 그와 연인이 되면서 데이트를 했다.

우리는 어떤 조건이나 지위도 따지지를 않았다. 무조건 만나니 좋았을 뿐이었다. 둘 다 너무나 가난한 연인이었다. 나는 생활을 책임지는 소녀가장이었다. 남편은 김천 갑부집 둘째 아들이었다. 우리 시아버님은 일본으로 유학하시어 김천에서 시의원을 하셨다. 아버님이 갖고 계신 재산 일부를 팔아 동네에 전기를 들어오게 하시고 초등학교도 설립하셨다. 설립하신 초등학교에 공적비까지 세우게 되었다. 토지 개혁 때는 땅을 무료로 나누어주셨다고 한다. 자선사업을 많이 하셨다. 가세가 다 기울어 서울로 올라왔을 때였다. 결혼 이야기가 나왔지만 둘 다 너무나 가난했기에 미루어지게 되었다. 4년의 세월이 흘렀다. 4년의 연애 기간은 진정한 사랑을 느낄 수 있었다. 철이 없던 시절에 막무가내 좋았던 시기였으며 풍족하지 못한 가난한 연인들의 애틋한 사랑이었다.

그 당시에는 12시에 통행금지 사이렌이 울렸다. 우리 집 앞에서 헤어지기가 싫어서 손을 꼭 잡고 놓지를 않고 있으면 12시 통행금지 사이렌이 울리고 나서야 손을 놓고 뒷걸음질 치다가 넘어지며 골목길 사이로 사라지곤 했었다. 그이의 집은 서대문 냉천동이었기에 북아현동 시민아파트에서 사잇길로 넘어가면 됐었다. 이렇게 헤어지기 싫은 애틋한 세월 속에 사랑은 더욱 더 쌓였다.

1973년 11월 10일 드디어 결혼식을 올리게 되었다. 우리는 방 하나 부엌 하나 있는 작은 집 한 칸을 장만하였다. 넉넉지는 않았지만 아름답고 행복한 보금자리를 꾸밀 수 있었다. 나의 몸에 새 생명이 잉태되었다. 이듬해 6월에 첫 딸이 태어났다. 나는 동생들이 많아서인지 어린 아이를 좋아하지 않았다. 그러나 핏덩이 같은 어린 생명은 너무나 신기했고 천사였으며 사랑이었고 나의 분신 그 자체였다. 내 자식이 아름답게 보여서인지 그때부터 모든 아이들이 다 예뻐 보이기 시작했다.

동생들은 처음 태어난 조카를 신기하고 예뻐했다. 서로 보려고 다투었다. 딸은 어릴 때부터 엄마보다는 이모를 더 따랐다. 돈이 귀하던 시기였는데도 동생들은 조카를 위해서 장난감도 사다 주었다. 딸들과 아들은 지금도 이모들하고 더 친하게 다닌다. 이모들은 무엇이든 하면 조카들을 먼저 챙겨주고 있다.

결혼한 지 2년 정도 되었을 때, 아버지는 51세에 갑자기 쓰러지시더니 세상을 떠나셨다. 우리는 당황하며 어찌해야 할지 몰랐다. 다행히 남편이 있었기에 우리는 무사히 초상을 치를 수 있었다. 남편은 그 당시에 일본으로 수출하는 홀치기 사업을 했다. 외출을 하고 들어오더니 돈을 주면서 초상을 치르라고 엄마한테 돈을 주었다.

남편이 가져다 준 돈으로 우리는 아버지의 장례식을 무사히 치를 수 있었다. 얼마 전 엄마가 말씀하셨다.

"그래도 네 아버지가 우리를 살려주려고 병원비 안 들이고 빨리 저 세상으로 가셨기에 우리가 살았지, 고맙게 잘 가주어서 감사하지."

하시며 회상하셨다.

동생들이 결혼을 하게 되었을 때, 신부의 손을 잡고 들어갈 혼주를 선택하는 과정에서 엄마는 단호한 결정을 내리셨다. 먼 친척보다는 내 사위가 제일이라면서 큰 사위인 남편에게 손잡고 들어가라고 지시하셨다. 엄마의 결단은 누구도 못 막았다. 그래서 우리 동생들 셋은 아버지 대신 큰 형부의 손을 잡고 결혼식장에 들어가게 되었다.

맏동서와는 한 살 차이었다. 남편은 젊은 혼주가 되었다. 엄마의 생각은 옳았다. 남편이 항상 동서나 처제들을 자식처럼 생각하며 평생을 잘 다독이면서 친형제처럼 잘 지내고 있어서 항상 감사하다. 처제들도 집안에 가까운 친척이 없었기에 우리가 연애하는 4년 동안에도 자상한 남편은 처제들에게 둘러싸여 즐겁게 지낼 수 있었다.

남편의 사업이 부도났을 때 살아가기가 힘이 들었다. 우리 여자 형제 중에서 제일 못 살았다. 엄마는 성당 다니시면서 봉사를 많이 하셨다.

"우리 큰딸 잘 살게 해주세요. 큰딸인 순희가 살아야 집안이 편안하고 화목하게 됩니다. 도와주세요."

이것이 엄마의 기도였다고 나에게 말씀하셨다. 엄마의 기도가 너무나 애절하고 절박했다고 생각한다. 하느님께서도 엄마의 간절한 기도를 들으시고 엄마의 기도를 들어주셨다. 큰딸인 내가 잘 살게 되니 지금은 모두 다 함께 잘 사는 우리 5남매가 되었다. 이보다 더 기쁜 일이 있을까?

작년에 우리 5남매 부부 10명은 마침 시간이 잘 맞아서 유럽여행을 함께 다녀왔다. 화기애애한 분위기 속에서 친목을 다지며 행복한 여행이었다. 우리 5남매 모두는 아버지를 닮아 술을 즐긴다. 남편과 바로 아래 제부는 술을 못 하는 편이다. 그러나 가는 곳마다 무조건 수제 맥주 10잔을 기본으로 시켜서 맥주 시음회에 다녀온 듯 즐거운 여행을 했다.

가이드가 말했다. 이렇게 즐겁게 여행하는 가족은 처음 보았다고 하며 가는 곳마다 수제 맥주를 빼놓지 않고 무조건 10잔씩 시키는 가족도 처음이라고 하며 너무 행복한 가족이라 부럽다고 이야기 했다.

남편은 맏사위로서 우리 집에 장가와서 우리 가정을 잘 이끌어주었다. 우리 아버지 초상도 혼자서 잘 치렀다. 세 처제들을 손잡고 들어가 동서들에게 인계하여 주었다. 동생들의 취직도 시켜주며 맏사위로서의 할 일을 잘 해내었다. 그래서 처제들이나 남동생들도 큰형부, 큰 매형을 아버지 대신 잘 섬기고 있다. 우리 동생들은 서열이 위에 있으면 무조건 복종이다. 어렸을 적에 아버지에게 받은 교육이 윗사람 말에는 무조건 복종이었던 것이다.

나의 남편 선택은 탁월했다고 자부한다.

사랑하는 가족들

일가 친척 하나 없는 남한에서 아버지가 하시는 사업은 잘 안 되고 하는 수 없어 어머니가 행상을 나섰다. 아이들은 다섯이나 되었다. 어머니는 그렇게 어려우면서도 아버지를 원망하거나 미워하신 적이 없으셨다. 아버지는 빗자루 한 번, 걸레 한 번 잡아본 적이 없는 전형적인 양반이셨다. 어머니는 그냥 받아들이셨다.

두 분이 그렇게 없이 살면서도 부부싸움을 한 적이 한 번도 없었다. 엄마 아빠는 늘 꼭 붙어서 주무셨다. 부부 사이가 참 좋으셨다. 우리 딸들도 엄마를 닮아 남편한테 잔소리가 없다. 나의 딸들이나 조카들도 남편한테 잔소리하는 것을 본 적이 없다. 은연중에 보고 느끼며 닮은 듯하다.

우리 형제는 어려서부터 고생을 하며 살아서 생활력이 강했다. 엄마를 닮은 강한 생활력으로 우리 딸들은 모두 일을 한다. 바로 아래 동생은 남편이 공무원으로 박봉이었다. 상도동에서 아구찜집을 하며 두 딸과 아들을 대학, 대학원까지 졸업시키며 대기업 간부 사위와 치과의사 사위를 보았다.

셋째는 대학교수가 된 제부 뒷바라지에 바쁘며 시어머니 봉양도 잘했다. 시어머니를 위해 간병 도우미 자격증을 따서 시어머님을 모시려 했는데 돌아가시는 바람에 시어머님 대신 노인들 간병 봉사 도우미로 몇 년 동안 했다. 지금은 취미로 사물놀이를 배우며 장애인을 가르치며 봉사활동을 하고 있다.

넷째는 토목기사 남편을 두어 잘 살면서도 장애인 도우미를 하며 참되게 살아가고 있다. 한때 남편의 부도로 좌절하고 있을 때,

"여보 걱정 말아. 당신이 여태 나를 먹여 살렸으니까 내가 당신 먹여 살릴게. 알았지? 걱정하지 마."

이렇게 말할 정도로 성격이 씩씩하다. 제부는 넷째를 우리 고현정이라고 부른다. 회사 직원이 집에 와서 고현정 닮은 사람을 찾았을 때, 키가 작은 마누라를 가리키며,

"고현정 저기 있어. 아들 하나 낳을 때마다 10cm씩 줄어서 20cm가 줄었어" 하며 웃음을 선사했다.

다섯째 막내로 태어난 아들은 엄마한테 두드려 맞으며 전문대학을 졸업했다. 결혼하고 나이 들어 4년제 대학을 졸업했다. 현재는 서산 LG화학 단지에서 최고의 기사를 하며 남부럽지 않게 살아가고 있

다. 올케는 무엇보다 우리 어머니를 잘 모시니 착한 며느리다. 우리는 모두 작지만 키가 큰 올케는 미스코리아 출신이라고 막내 동생은 늘 자랑한다. 자랑할 만한 우리 올케다.

우리 가족은 휴가철이 되면 여행을 간다. 식당을 하는 둘째가 먹을 것을 챙겨 간다. 우리 오남매가 모두 모여서 휴가를 즐긴다. 우리 아들딸들 사위들, 손자, 손녀들과 조카, 며느리, 조카사위 등 모두 모여 여름휴가, 겨울휴가를 간다. 4박 5일의 숙박이면 보통 20~30명 정도의 먹을 것을 준비한다. 그 많은 식구 먹을 것을 준비하려면 음식으로만 차 한 대가 가득 찬다. 우리 둘째는 식당을 하며 식구들 먹이는 재미를 즐기고 있다. 힘이 들겠건만 매우 행복해하고 있다. 제부와 함께 실어 나른다. 젊은 세대들은 먹을 것을 준비해가니 늘 합세를 하였다. 아이들과 즐겁게 놀아주니 좋아한다. 우리는 일 년에 몇 번의 행사를 하고 있다. 동생의 먹을 것을 다 해오는 희생정신이 없으면 할 수 없는 일이다. 늘 감사하다.

나의 첫 번째 직장인 신세계백화점과 두 번째 직장인 반도 아케이드에 취직해 돈을 모았다. 엄마는 감자를 깎아서 봉지에 담아 야채가게에 내다 팔았다. 나와 엄마는 열심히 살았다. 나는 계를 들었고 이십만 원이 모였다. 엄마와 나는 시민 아파트를 사기로 했다. 1970년이었다. 그 당시 시민아파트의 시세는 사십만 원 했다. 엄마는 그까짓 것 죽을 때 죽더라도 아파트 기회 있을 때 사자고 하며 결정을 내렸다. 평수는 9평이었다. 양 옆으로 두 개의 방이 있었다. 우리는 건넌방을 십 만원에 전세를 주었다. 우리가 살고 있었던 집의 전세는 칠만 원이었다. 친척 고모한테 삼만 원 빚을 내었다. 엄마는 생각했다.

 친척 돈을 갚아야 사이가 좋을 것 같았다고 생각을 하고 돈 놀이하는 아줌마한테 삼만 원 일수를 얻어 친척 돈을 갚았다. 들어오는 것은 뻔했다. 빚에 쪼들렸다. 엄마는 어떠하든 집은 지녀야 한다는 일념이었다. 돈 빨리 안 준다고 집에 와서 시끄럽게 하는 아줌마도 있었다. 아버지는 창피하다며 빨리 팔아서 갚으라고 난리였다. 그래도 엄마는 단 몇 푼씩을 집어주며 얼래고 달래고 있었다. 엄마의 억척스러움을 우리 자식들이 많이 닮았다.

 몇 년이 지나면서 내 바로 밑에 동생이 고등학교 졸업하고 직장에 다녔다. 셋째도 고등학교 졸업해서 취직을 했고 넷째도 야간을 다니며 고등학교를 수석으로 졸업하고 건설회사에 다녔다. 그때는 이미 빚을 다 갚고 부자 부럽지 않게 살게 되었다. 그리고 하나밖에 없는 남동생 대학 뒷바라지를 누나들이 했다. 살 만해지자 아버지가 갑자기 돌아가셨다.

 엄마는 어려서부터 모자란 듯 착했던 나를 두둔하며 키워서인지 동생들도 언니라면 다 양보한다. 넷째가 "나도 이 다음에 태어나면 큰딸로 태어날 거야" 해서 한바탕 웃었다.

남편은 일본으로 기모노 의상을 수출했다. 잘나가던 수출이 막히면서 부도를 맞게 되었다. 우리는 그때부터 사글세를 살았다. 그때는 왜 그렇게 추웠던지 집이 외풍이 심했다. 돌쟁이 큰딸의 여린 손가락이 아침에 일어나니 빨갛게 얼어 있었다. 밤이면 장갑을 끼워서 재웠다. 그 시대는 공기도 맑았고 보통 밖의 기온이 20도를 오르내리고 있었던 때였다. 엄마가 우리 집에 다니러 오셨다. 손녀의 언 손을 보시고는 바로 데리고 북아현동 시민아파트로 데리고 갔다. 우리도 따라서 시민아파트 세를 얻어 이사를 하게 되었다.

남편의 일이 서서히 일어났다. 작은 아파트였지만 딸 둘을 낳고 아들을 낳았다. 다시 2차 부도가 났다. 착한 남편은 남의 수표 보증을 서주었던 것이다.

결혼한 지 어느덧 10년이 되었다. 2번의 부도로 100% 믿었던 남편에 대한 신망이 서서히 사라지고 있었다. 그러면서 내 팔자는 왜 이리 기구하단 말인가? 어려서부터 고생하며 자라서 결혼하고도 나아질 기미가 안 보이니 내 사주팔자가 안 좋은가? 순희란 이름이 안 좋은가?

'내 팔자 내가 바꿔보자.'

무엇이든 마음먹기에 달렸다는 것을 이제는 안다. 꿈은 꾸는 대로 이루어졌다. 죽을 각오로 일을 했다. 세월이 지나며 나의 소망이 이루어졌다. 석사, 작가까지! 이제는 나의 이름이 이렇게 위대해 보일 수 없다. 70세까지 무던히도 버티어왔다. 위대한 나의 이름이여, 이순희!

5장

장사를 해내고 나니
세상에 못할 것이 없더라

01
배움을 돈으로 바꾸는
기술을 배웠다

초등학교 출신이라는 학력 콤플렉스는 언제나 나의 왼쪽 가슴에 돌덩이를 얹어놓은 듯 무거웠다. 어려서부터 말이 없었던 나였다. 젊어서도 말을 하기 싫어했다. 학력에 대한 자격지심 때문이었는지도 모른다. '가만히 있으면 중간은 간다'는 말을 좋아했다. 가만히 있으면 무식이 탄로날 리가 없으니 가만히 있는 것이 상책이었다.

공부에 대한 갈증은 날이 갈수록 더 했다. TV 퀴즈 프로그램에서 루트, 함수, 방정식, 무리수, 유리수 같은 수학의 생소한 단어가 나오면 나는 그것이 너무너무 좋았다. 저런 문제는 어떻게 생겼을까? 나는 수학공식의 단어만 들어도 가슴이 설레곤 했다. 나의 머릿속은 텅 빈 것 같았다. 다른 사람들은 대부분 아는 단어도 나는 알지 못하니 한심스러웠다.

길을 가다가 간판에 있는 영어 단어 하나 읽을 줄을 모르니 눈 뜬 장님이 따로 없었다. 귀가 있으되 영어 단어 하나 알아듣지 못하니 귀머거리 신세가 아닌가? 초등교육 이상의 학문을 들여다보지 못했던 나 자신이 너무 답답하고 한심했다. 밝은 대낮의 길을 걸어가고 있지만 나의 머릿속은 한없이 기나긴 암흑의 터널을 걷는 느낌이었다.

중학교만이라도 졸업했어도 어느 정도는 알 수 있었을 거라는 아쉬움이 있었다. 이태리 스카프 수입 관계로 외국에 출장을 갔다가 키 크고 젊고 잘생기고 멋진 남자가 영어를 제대로 못 하고 어물쩍거리는 것을 본 적이 있다. 갑자기 그 남자가 작아 보이며 못나 보였다. 그러나 작고 못생긴 사람이 영어를 유창하게 구사하며 자신감에 넘쳐흘렀을 때 작아 보이던 키는 커 보이면서 잘생겨 보이는 것을 느낀 적이 있었다. 사람은 죽을 때까지 배워야 한다는 생각은 변함이 없다.

'멋지고 아름다운 사장님'이라는 말을 많이 듣는 내가 초등학교밖에 나오지 않은 것을 사람들은 짐작이나 할까? 차라리 무식하고 못난 사람이라고 사람들이 나를 치부하여 버린다면 마음이 편할 것 같았다. 학식과 교양을 갖춘 사람들이 내 앞에서 유식하고 세련된 단어를 구사하며 말을 하면, 얼른 달아나고 싶은 마음이 들었다. 나는 무엇을 어떻게 해야 대화를 잘할 수 있는지 몰랐다. 나 자신이 무식하다는 것밖에는 생각이 나지 않았다. 그저 매장에서 장사를 하며 생계를 이어갈 뿐이었다. 자식들을 키워야 했기 때문에 돈을 벌어야 한다는 일념으로 일만 했다. 동대문시장에는 나와 같이 못 배운 처지의 사람들이 많았다. 매장 생활이 그다지 불편하지는 않았다.

우리나라 패션산업이 부흥하기 시작한 것은 1988년 서울 올림픽 시기부터였다. 올림픽 이후로 대학, 대학원을 졸업한 고학력의 인력들이 패션산업에 많이 유입되었다. 공무원으로 퇴직한 분들, 학식과 덕망 있는 분들도 동대문시장으로 들어왔다. 강남이나 이화여대 앞의 패션타운이 전국적으로 유명세를 타면서 고객들이 많이 몰려들었다.

소매 매장 사장들 중에는 젊은 엘리트들도 많았다. 그들은 패션 감각이 좋았다. 세계적인 유명 패션 메이커도 많이 알고 있었다. 우리가 취급하는 상품은 보세 의류로, 미국이나 유럽에 있는 외국 유명 백화점이나 메이커들은 인건비가 저렴한 우리나라에서 제품을 생산하였다. 공장에서 수출하고 남은 물량, 날짜를 맞추지 못해 수출하지 못한 것, 바느질이 잘못된 것, 원단 색깔이 다르게 나온 것들을 공장에서 구매하여 팔았다.

그 당시 젊은 사장들은 매우 진취적이며 활동적이었고 자신감이 충만하였다. 판매할 물건을 선택하는 데도 탁월한 안목이 있었다. 그들은 자신들이 선택한 많은 상품들을 강남이나 이화여대 앞, 지방의 패션의류 매장에서 판매했다. 그곳들은 상품 소비가 많이 되는 곳이었다. 그들은 외국으로 나가는 수출의류에 붙어 있는 영어로 쓰여 있는 상표를 줄줄이 읽고 있었다. 패션잡지에 나오는 유명 브랜드와 잘나가는 디자인도 많이 알고 있었다. 외국에 드나들며 부유한 고객들도 많이 알고 있었다. 메이커 보는 안목이 넓었다. 고가의 유행 메이커를 알았기 때문에 매상을 많이 올릴 수 있었던 것이었다.

요령이 없는 우리네 장사꾼들은 싸게 사서 싸게 파는 것만 알았지, 무슨 메이커인지 어느 나라에 수출하는 것인지 알지도 못하고, 알려고 노력하지도 않았다. 우리네 장사꾼들은 5~10%로 정도 이익만 나오면 만족하며 판매하였다. 이것이 메이커인지 비메이커인지도 모르고 장사하는 사람들이 대부분이었다.

동대문 장사꾼들은 도매로 싸게 팔았지만, 배운 젊은 사장들은 고급 메이커 라벨을 알아보고 싸게 구입해서 고급을 강조해 비싸게 팔았다. 고가의 비싼 제품이라는 것을 소비자들이 알았기에 높은 가격으로 판매하여도 잘 팔렸다. 본 매장보다 싸게 구매를 하니 소매 고객들도 만족했다. 소매 판매자들은 많은 이익을 챙기고 있었다. 젊고 많이 배운 그들은 물건을 고르는 안목이 탁월했던 것이다. 젊은 사람들의 장사하는 방법을 간파하는 데는 그리 오래 걸리지 않았다.

'그래, 외국 패션 메이커 공부를 해보자!'

나는 외국잡지를 사서 보기 시작했다. 외국잡지에 나오는 의류의 가격을 보니 어마어마했다. 우리는 십분의 일도 안 되는 가격으로 팔고 있었다. 그때부터 세계적인 패션메이커 공부를 하기 시작했다. 메이커를 외워도 보고 억지로 눈에 익혀도 보며 늦은 공부를 하였다. 영어 기초지식이 전혀 없었다. 단어 하나 외우려고 한글로 써서 가방에 넣고 다니면서 남이 볼까 두려워 몰래 외우려니 몇 날 며칠이 걸렸다.

지금은 모르는 단어가 있으면 스마트폰이나 컴퓨터로 편하게 찾을 수 있지만 그 당시에는 영어 단어 하나 찾아볼 수 있는 장비가 흔하지 않았다. 그렇다고 대놓고 물어볼 수도 없었다. 남이 나를 무식하다고 얕볼 것 같았다. 어느 누구한테 하소연할 수 없었다. 단어가 외워지지가 않을 때는 돌머리라고 자책을 하였다.

우리 매장에서는 수출의류를 판매했기 때문에 미팔군 부인들 고객이 많았다. 그들이 무엇이라고 말하나 열심히 주워 들어가며 '귀동냥'을 했다. 열심히 듣고 또 들으며 외국 패션 메이커 단어를 외우니 자연스럽게 외우게 되었다. 외국인이 오면 메이커를 읽어보라고 하며 따라해보았다. 그들도 즐거워하며 알려주었다.

그렇게 하여 외국 잡지에 나오는 패션상품의 메이커를 다 외웠다. 유명 패션잡지에 실려 있는 상품은 비싸게 팔리고 있었다. 그렇게 웬만한 메이커를 알게 되었을 때 나는 내 주위의 다른 상인의 고급 메이커 상품을 구매하기 시작하였다. 그들은 내가 왜 자기네 상품을 구매하는지 모르고 있었다. 자기네 몫의 이익만 챙기면 그만이었다.

상품에도 자세히 관찰하여 보면 등급이 있기 마련이었다. 비싸게 팔리는 상품에는 다른 점이 많이 있다. 바느질 땀수가 많은 것은 그만큼 튼튼하게 만든 것이다. 안감 역시 안 보이지만 좋은 재질을 써서 뒤틀림을 방지하는 것이다.

나는 같은 시장 안에서 아침이면 한 바퀴 돌면서 유명메이커를 다 사들였다. 비싸게 팔아도 될 가치가 있는 상품은 비싸게 팔았다. 메이커 공부를 한 후에 알게 되었다. 배움이 곧 돈이라는 것을 경험했다. 이 경험을 통해 사람은 어떤 경우에서도 배워야 한다는 것을 절실히 느꼈다. 메이커를 다 알았을 때 몇 배의 이익이 볼 수 있었다.

  나는 이러한 경험을 통해 배움을 돈으로 바꾸는 기술을 배웠다. 배움이란 공부할 때는 힘이 들지만 다 배웠을 때는 무엇이든 쉽게 돈을 벌 수 있는 것을 절실히 느끼며 배움의 길을 택했다.

02
나는 동대문시장에서 장사의 모든 것을 배웠다

나는 동대문시장에서 장사하며 인생의 모든 것을 배울 수 있었다. 나는 자신감이 있었다. 아직 젊기 때문에 열심히 피나는 노력으로 펼쳐갈 긍정적인 미래에 대한 확신도 있었다. 처음에는 빚을 얻어 나온 짧은 밑천으로 이를 악물고 어떻게든 버텼다. 차츰 장사에 눈을 뜨자 돈이 모이기 시작했다. 우리는 장사를 시작한 지 5년 만에 1억이라는 돈을 모았다.

"여보, 우리 건물 사기엔 작은 돈이다. 이 돈으로 주식해서 좀 더 불리고 장사도 열심히 해서 보태어 큰 건물 사자." 이러한 남편의 말에 나는 동의하였다.

우리는 주식에 투자하였다. 주식에 주자도 모르면서 직원을 통해서 사고팔았다. 그 당시에는 가지고 있는 돈의 6배까지 융자를 해주었다. 하루에 몇백만 원, 어느 날에는 몇 천만 원도 벌었다. 우리는 행복한 비명을 지르며 매상이 오르는 대로 주식에 투자했다. 조금만 더 기다리면 빌딩을 살 수 있을 것 같은 희망에 부풀어 있었다. 이렇게 쉽게 빌딩을 살 수 있단 말인가? 우리는 꿈에 부풀었다.

그러던 어느 날, 주식은 곤두박질쳤다. 눈앞이 캄캄했다. 머릿속에는 주식만이 떠오르며 밥맛도 없었다. 설상가상, 통지가 날아왔다. 깡통계좌가 되었으니 이자를 내라는 통보였다.

'이게 무슨 마른하늘에 날벼락이람!'

모든 것을 포기하기에는 너무나 많은 액수였다. 깡통계좌는 메꾸어 놓아야 했다. 장사는 머리에 들어오지를 않았다. 퇴근을 하고 집에 와도 온통 주식 생각뿐이고 TV도 주식 외에는 볼 수 없었다.

'어떻게 번 돈인데…'

두통까지 오고 가슴이 꽉 막히며 머리가 지끈거렸다. 시간이 지나면서 깡통계좌였던 통장은 삼천만 원이 되어 있었다. 그 자리에서 그냥 머물고 내리기도 하고 오르기도 했다.

장사에는 도저히 신경을 쓸 수 없었다. 장사도 안 되고 주식도 안 오르고 있었다. 이러다간 사람마저 잃을 것 같았다. 나는 남편을 설득했다.

"여보, 주식은 우리가 할 일이 아니다. 불로 소득을 바라지 맙시다. 우리의 피와 땀이 배어야만 우리 돈이지. 아무것도 모르고 무작정 달라붙은 우리 죄니 다 포기합시다. 나 당신 원망 안 할 테니 지금이라도 팔아 없애고 주식에서 손해 본 것 장사해서 보충합시다. 주식

때문에 장사도 못 하고 이건 사람이 할 것이 아니야. 나는 장사해서 보충할 자신이 있어요."

남편도 동의하면서 우리는 모든 것을 잊기로 했다. 통장정리를 하니 삼천만 원이 전부였다. 기가 막혔다. 그러나 잊어버리기로 했다. 마음을 추슬렀다. "여보, 빈 깡통이었는데 삼천만 원이나 있네. 열심히 다시 노력해봅시다."

속이 쓰리고 아팠다. 자다가도 생각하면 벌떡 일어나게 될 정도였다.

그러나 이미 지나간 일 생각한다고 돌아오는 것도 아닌데 무모한 생각이었다. 잊어버리려고 많은 애를 썼다. 일이 바빴기에 빨리 잊을 수 있었다. 구체적이고 명확한 계획을 세우지도 않고 일확천금을 노렸었다. 내 재산을 내가 아닌 남을 리더를 삼아 따라가는 형상이었다. 내가 직접 리더가 되었다면 어디서 어떻게 왜 손해를 보았는지 알 수도 있으며 손해 본 공부라도 할 수 있으련만, 멍하니 바라보고만 있다가 흔적조차도 사라져 버렸다. 그야말로 눈 깜빡할 사이였다. 모르는 것은 절대 투자하면 안 되는 것이었다. 다시 정신을 차렸다.

나는 어려서부터 집 없는 설움을 많이 겪었다. 아이들이 많다는 이유로 셋방 얻기가 어려웠을 때도 있었다. 우리 아이들만큼은 집 고생을 시키고 싶지 않았다. 북아현동에 아파트를 구입하였다. 비싼 이자를 얻어 구입했지만 이자가 집값을 따라가지 못 했다. 당시에는 그만큼 부동산이 빨리 올랐던 것이다. 2년 만에 이자를 다 갚았다.

아파트 한 채가 떨어진 셈이다.

지금 사는 논현동 집은 생각지도 않았다. 남편의 친구가 삼천만 원에 논현동 집을 사라고 했다. 우리는 구경을 하자며 갔다. 방 25개에 보증금 모두 3억에 은행 융자 2억 2천에 5억 2천으로, 3천만 원만 있으면 5억 5천에 인수할 수 있었다. 월세는 3백만 원이 나왔다. 은행 융자금 이자는 3백만 원으로 충분하였다. 우리는 두말 않고 인수하였다.

어느 해인가 강남 일대가 물에 잠길 때가 있었다. 반 지하방 6개가 물에 잠겨 일억이라는 돈을 마련하여 다 내보낸 다음 공사를 하여 다시 돈을 돌릴 수 있었다. 이러한 일도 동대문시장에서 장사를 하면서 하루하루 돈을 만지며 융통성 있게 돌아가기에 융자를 얻어도 이끌어 나갈 수 있었다. 홍수를 당할 때에도 현찰은 없었지만 항상 장사 잘된다는 이미지와 논현동에 빌딩이 있다는 소문이 나서 융통이 쉽게 가능했다. 10년 동안 열심히 장사하며 융자금을 갚는 데 혼신을 다하며 살아왔다. 집값은 상상할 수 없을 정도로 올라 있었다.

장사란 이런 묘미가 있었다. 매일 매일 돌아가는 현찰은 무엇이든 할 수 있었다. 월급쟁이들은 돈을 만져볼 만한 여유가 없다 보니 무엇을 사려고 해도 겁이 나는 것이다. 그러나 우리는 장사하면서 흥하고 망하고 벌어도 보고 손해도 보면서 돈에 이력이 난 것이다. 한마디로 겁이 없어졌다. 죽을 각오로 열심히 하려는 의지로 결국은 성공의 길을 갈 수 있었기에 자신감도 생겼다.

나에게는 목표가 있었다. 한 달에 이천만 원의 수입이 들어오면 장사를 그만둘 것이라는 생각을 하고 있었다. 이제 반 정도이니 조금만 더 노력하면 나의 목표가 달성될 것이다.

경매를 시작했다. 경매를 배우며 작은 것은 눈에 들어오지 않았다. 지하 목욕탕을 경매 받아 상가로 나누어 분양하면 많은 수익이 나올 것이라는 경매 선생님의 말을 듣고, 20~30억 가는 물건이 몇 번의 유찰 끝에 9억 몇 천으로 떨어지자 낙찰받았다. 3,500만 원의 계약금을 냈다.

남편과 함께 경매 물건을 보러 갔다. 남편은 다녀와서 나를 설득하고 있었다. 당신은 그것이 잘되리라고 생각하나 너무 무리일 것 같다. 당신이 지금 그 사람들 말만 믿고 경매를 받았지만 경험도 없는 당신이 현찰이 많이 있는 것도 아니고 융자를 받아야 하는데 그것이 실패로 돌아왔을 때 당신이 당할 고통을 생각해 봐라. 당신은 지금 예순이 넘었다. 잘못되고 당신 마음대로 안 되면 돈도 잃고 당신마저 잃을까 걱정이다. 당신 생각대로 안 될 때는 당신은 병이 들어 죽을 것이다. 지금 우리가 갖고 있는 것으로도 충분한데 왜 쓸데없는 짓을 하느냐고 하며 이번 일 여기서 포기해라. 나는 당신을 잃기가 싫다. 앞으로 이 일에 대해서는 두 번 다시 이의를 제기하지 않고 잊어버릴 것이다. 그러니 3,500만 원 없었던 것으로 하라고 타일렀다.

다음 날부터 경매받은 물건으로 인해 전화가 빗발쳤다. 빌린 전기세 내라. 물세 밀린 것 내라. 임대로 밀린 것 내라며 독촉 전화가 쉴 사이 없이 왔다. 빚 독촉 전화에 머리가 지끈거렸다. 나는 남편의 의사에 따르기로 하였다. 남편은 잘 했다고 하며 앞으로 이 일은 없었던 일이라며 나를 다독였다. 나는 아무 할 말이 없었다.

  나는 삼천오백만 원을 잃어버렸다는 사실보다는 승승장구 잘 나가던 나의 앞날에 브레이크가 걸렸다는 사실에 실망이 더 컸다. 동대문시장에 들어오면서 순조롭게 장사 잘 되어 막힘이 없었던 나였건만 이제는 나의 시대는 끝났구나 하는 좌절을 맛보게 되었다.

  무언가 돌파구를 찾아야 했다. 돈 버는 것이 끝났다면 나의 열등감이자 평생의 소원이었던 공부를 하자고 마음을 가다듬었다. 새로운 희망이 생겼다. 삼천오백만 원을 잃은 대가는 나의 인생 터닝 포인트가 되었다. 이런 계기로 나는 공부를 시작하게 되어 오늘 여기까지 오게 되었다. 남편의 설득이 없었다면 지금쯤 생존의 지옥에서 허덕이며 재물에 매몰되어 있었을 것 같다. 남편에게 고맙다.

03
공부를 다시 시작한 이유

나의 첫 직장

1960년도에는 중학교 입학하려면 요즘처럼 입시전쟁을 치러야 했다. 나는 북아현동에 있는 중앙여중에 시험을 쳤다. 4:1의 비율을 뚫고 중학교 합격 통지서를 받았다. 그러나 입에 풀칠하기도 어려운 형편에 합격만으로 만족해야 했다. 친구들이 곤색 투피스에 하얀 카라의 교복을 입고 책가방을 들고 재잘거리며 학교 가는 것을 보면 너무나 부러웠다. 저 친구들은 부모 잘 만나 잘 먹고 잘 살며 중학교도 다니는데 나는 가난한 부모를 만나 이렇게 고생을 하는구나 하며 너무나 서러웠다. 꼭 같은 시간대에 친구들은 학교로, 나는 학교 대신 공장으로 향해야 했다. 창피하고 부끄러웠다. 눈물이 흘렀다. 엄마가 보시면 가슴이 아파할까 봐 앞만 보고 뛰었다.

　열세 살의 어린 나이의 나의 첫 직장은 양은그릇 만드는 공장이었다. 그때 한창 유행인 양은으로 된, 가운데 꽃그림이 그려져 있는 둥그런 상이었다. 내가 하는 일은 금방 나온 양은 상을 큰 대야의 물에 담가 씻어내는 작업이었다. 그런데 그때 무슨 약품처리를 했는지 나랑 어떤 아이하고 물에 담가 씻어내는 도중에 기절을 했다. 누가 나를 흔들어 깨우고 있었다. 눈을 뜨고 정신을 차리니 병원이었다. 한참을 쉬다가 공장으로 다시 와서 일을 했다. 집에 와서는 엄마가 걱정할 것 같아 이야기하지 않았다. 그 시대는 그만큼 어수룩했던 시대였다.
　굶다시피 살아온 우리 식구들에게 나의 월급은 구세주였다. 그 당시에는 하루 벌어 하루 먹고 사는 하루살이 인생이었다. 엄마는 소금이 담긴 양은 대야를 머리에 이고 다니며 행상을 했다. 마침 옆집에 소금 만드는 공장이 있었다. 엄마는 무거운 소금을 머리에 이고 "소금 사세요"를 외치면서 골목골목을 누비며 다녔다. 잘 팔리는 날은 쌀 한 되를 사오셨고 조금 팔린 날엔 국수를 먹을 수 있었다. 전혀 장사를 못 하는 날은 굶어야 했다.
　동생들은 넷이나 되었다. 공장을 다니며 월급을 받아 엄마를 갖다 드렸다. 쌀 세 말, 연탄 백 장을 쌓아놓으면 부자 부럽지 않았다. 그 당시는 쌀은 한 되, 두 되씩 사다가 먹었고, 연탄을 한 장씩 팔았던 시대였다. 새끼 꼰 줄을 연탄 가운데에 끼어 한쪽 끝을 묶어서 새

끼줄을 들고 한 장씩 사다가 쓰고 있었던 시대였다. 연탄 한 장 살 돈이 없으면 냉기 나는 차가운 방에서 서로 끌어안고 체온을 느끼며 자야했다. 그렇기에 연탄 백 장을 쌓아놓으면 행복하고 부자 부럽지가 않았다.

그 당시에는 맏딸은 살림 밑천이었다. 당연히 받아들이는 맏딸의 숙명이었다. 당연시되는 사회현상 속에서 이것이 보람이었고 행복이었다. 그 당시에는 독일로 돈 벌러 간 맏딸도 많았다. 몇 년 전 정부에서 독일에 사는 간호사들을 초청한 적이 있었다. 간호사들이 다시 독일로 돌아가며 헤어지는 모습은 눈물 바다였다. 일부 간호사들은 독일인 남편을 만나 아들과 남편이 있는 독일로 향하며 동생들을 보며 눈물짓고 있었다. 독일에서 힘들게 번 돈을 한국으로 보내어 동생들을 대학까지 공부시켜 모두가 잘 살고 있었다. 서로가 헤어지기 싫어 가슴 아파 하는 장면을 보며 남의 일 같지 않았던 기억이 난다.

나는 고생을 하면서도 가족들과 함께 살았기에 그들과 같은 또 다른 마음 아픔이 없어서 다행이었다는 생각을 했다. 그들은 얼마나 외롭고 고독했을까 하는 생각도 들었다. 나도 그 당시에 중학교를 졸업했다면 독일에 가서 동생들을 대학까지 가르쳤을 것이라는 생각을 했다. 언젠가 동생들에게 나의 생각을 말했을 때, 막내 여동생이 말했다.

"큰언니, 우리는 대학 못 다녀도 언니가 있는 게 더 행복해. 지금 너무나 행복하게 잘 살고 있잖아. 우리는 대학에 못 갔지만 더 많은 인생 공부를 했고 모두 잘 살고 있어. 우리 형제들이 어떻게 이 이상 더 행복을 누리고 살 수 있겠어. 큰 언니와 함께 있기에 더 큰 보람이 있는 거지. 큰 언니 우리 옆에 함께 해줘서 고마워." 나 역시도 너무 행복하다. 가족이 모두 모여 산다는 것, 이 이상 행복이 있을까 생각해본다.

나는 한때 이화여대 앞에 있는 가정집에서 약과 만드는 공장에 다녔다. 그곳에서 나는 숙식까지 제공받았다. 나는 시키는 일이면 무엇이든 잘했다. 그때 밥하는 아줌마가 나갔다. 그러다 보니 나는 아침에 새벽같이 일어나 밥을 하게 되었다. 식모살이가 되었다. 그 소식을 들은 엄마는 나를 찾아 왔다.

"죄송합니다. 우리 순희 데리러 왔습니다. 우리 순희는 식모살이 할 아이가 아닙니다" 하며 나의 손을 끌고 나왔다. 엄마는 내가 어릴 적부터 나를 따라다니며 보호했다.

"진작 얘기하지. 엄마가 아무리 못 살아도 너는 남의 집 식모살이는 안 돼! 너는 내 귀한 큰딸이야" 하며 나를 앞세워 집으로 데려왔다.

엄마는 딸들이 넷이나 되었어도 설거지 청소 같은 일도 잘 시키지 않으셨다. 시집가면 평생할 일인데 하시면서 손수 많이 하셨다. 설거지하고 나가면 몸에서 김치 냄새난다고 너희들 나갈 때는 깨끗하고 최고의 멋쟁이로 다녀야 한다며, 최고로 잘난 우리 딸들이라며 자식에 대한 자부심이 대단하셨다. 딸들의 자존감을 늘 세워주셨던 것이다. 첫 딸로 태어나 말이 없고 순진했던 나는 늘 엄마의 보호 대상이었다. 어려서는 동생들이 나를 보호할 정도로 순진했다고 한다.

 그 다음 직장은 아버지 아시는 분의 소개로 신세계백화점에 취직을 하게 되었다. 취직하는 데 문제가 생겼다. 초등학교를 졸업한 나는 학력 미달이었다. 신세계백화점에서는 중학교 이상 학력이 있어야 했다. 우리 동네에 잘 사는 집이 있었다. 나랑 친구였다. 엄마는 그 집 엄마를 만나 사정 이야기를 하며 부탁을 드렸다. 허락을 받았다.
 나는 그 친구의 중학교 졸업장을 빌렸다. 면접 보러 갈 때 입을 옷이 없었다. 나는 그 친구의 옷까지 빌려 입고 면접을 보았다. 그렇게 해서 취직을 할 수 있었다. 남의 이름으로 취직을 하니 나 자신이 너무나 초라했고 어린 마음에 죄의식을 느끼며 신세계백화점을 다녔다.
 그 당시는 신세계백화점은 개인들이 들어가 장사하는 시스템이었다. 나는 그곳에서 몇 년을 다녔다. 그곳에서 장사하던 사장님이 시청 앞 조선호텔 안에 있는 반도 조선 아케이트로 이전을 하며 따라가게 되었다. 서류를 낼 필요가 없는 개인 매장이었다. 그곳에서는 이순희라는 나의 이름을 쓰니 마음이 편했다. 매장에서 수입 화장품이며 여러 가지 잡화를 팔았다.
 옆의 매장에는 비싼 옷을 파는 매장들이 많았다. 돈이 많은 사람들이 구매해가는 비싼 상품을 보며 내가 한 달 동안 일해서 버는 돈으로 한 벌의 옷을 아무렇지도 않게 사는 것을 보면서 놀랐다. '저 사람들은 어떻게 해서 저 비싼 옷을 사 입을 수 있을까?' 또 다른 세상을 보면서 저렇게 사는 사람들이 많은 것을 느끼며 잘 사는 사람들에 대해 궁금증이 내 뇌리에서 떠나지 않았다. 그때 부자가 되고 싶다는 꿈을 가졌다.

영원히 가슴 깊이 묻어두고 싶었던 가난했던 기억

나는 가슴에 영원히 묻어버리고 싶을 만큼 아픈 가난의 상처가 있다. 이것은 나에게 있었던 일이 아니야 하며 가슴 깊숙한 곳에 묻어버렸다. 너는 영원히 나의 과거에 묻히는 거야, 하며 머릿속에서 지워버렸다. 70살이 다 되도록 영원히 묻힐 줄 알았다.

2015년 5월 21일, 부산 사상구 성인리더십교육 강의를 위해 부산으로 가던 중이었다. KTX를 타고 식당 칸에서 커피를 한 잔 마시며 모처럼 여유를 즐겼다. 많은 사람들 앞에서 강의한다는 것이 뿌듯했다. 여행도 하고 힐링도 되고 이처럼 행복할 수 없었다. 부산에 가까워졌다. 순간 가슴 속 깊이 묻어 두었던 초등학교 1학년 시절 처절하도록 가난했던 때의 아픈 기억이 살아났다. 택시 기사한테 물었다.
"여기 계단이 많이 있는 곳이 있던가요?"
"네. 있습니다. 40계단이요? 관광 명소입니다."

계단 위에 판자로 만든 피난민 수용소가 있었다. 어릴 때 다닐 때는 무척 높다고 생각을 했었는데 겨우 40계단이라고 한다. 그렇게 낮았던가? 어릴 적에는 그 계단이 오르기가 왜 그렇게 힘이 들었던지.

엄마와의 아픈 사연은 기억조차 하기 싫었다. 그러나 나는 이만큼 잘 살고 출세를 하지 않았는가. 고난을 이겨내고 교수까지 되어 강의를 나가고 있다. 과거의 고난을 이겨낸 본보기가 되어 누군가에게 동기부여가 될 수도 있을 것이다. 과거의 아픈 기억을 이제는 밝혀도 되지 않을까 생각해 본다.

우리는 아버지가 하시는 일 때문에 부산으로 갔다. 40계단 위의 대청동 꼭대기에 학고방과 천막으로 집을 지어 피난민들이 살 수 있게 수용소를 만들어 놓았었다. 우리는 그곳에서 살고 있었다. 하루는 아이들과 고무줄놀이를 하고 있었다.

"순희야, 저 밑에 가면 국수 주는데 너도 가자. 양재기 하나 들고 와."

나는 양재기를 들고 아이들을 따라 40계단을 내려갔다. 계단 끝나는 앞에 결혼식장이 있었다. 그 앞에 줄을 서고 있었다. 친구는 나를 뒤에 세웠다. 차츰 앞으로 다가갔다. 드럼통 속에서 국수를 한 바가지 퍼서 양재기에 부어주었다. 먹을 것이 생겼으니 '엄마가 좋아하겠지.' 나는 즐거운 마음으로 아이들과 어울려 엎질러질까봐 살살 걸음을 걸으며 집으로 왔다. 그때 마침 엄마는 행상을 마치고 들어오셨다. "순희야, 그게 뭐니?" 엄마가 물었다.

나는 "엄마, 저기 계단 밑에 있는 결혼식장에 갔더니 국수 줘서 아이들과 함께 얻어 왔어." 나는 의기양양 자랑스럽게 얘기했다. 순간 엄마는 내가 들고 있던 양재기를 빼앗더니 마당에 내동댕이쳤다. 나는 너무 놀랐다. 엄마는 소리를 질렀다.

"네가 거지새끼냐? 남이 먹다 버리는 것을 얻어 오다니 누가 너한테 국수 얻어 오라고 했어!"

엄마는 몹시 화를 내며 소리를 질렀다.

"너 당장 나가! 나가서 아이들과 어울려 남이 먹다 남은 국수 얻어먹으며 살면 되겠네. 당장 나가!"

나는 울기 시작했다. 엄마는 한참이 지난 다음,

"엄마가 이렇게 고생 하는 것은 너희들 새 국수 먹이려고 이 고생 하는 거야" 하시며 나를 끌어안고 우셨다.

"너는 커서 훌륭한 사람이 되어야 한다. 너는 우리 집 맏딸이자 기둥이야. 다시는 남이 먹다 남은 음식은 가져오지 말거라." 엄마와 나는 한참 동안 끌어안고 울었다.

"엄마가 힘들게 일하는 것도 너희들 거지처럼 동냥하지 않게 하기 위해서야. 너는 공부만 열심히 해. 엄마가 너와 네 동생들 굶기지는 않을 거야. 알겠지?" 하시며 다시는 그곳에 가지 말라고 당부하셨다.

그때부터 나는 공부 잘해서 훌륭한 사람이 되어 우리 엄마, 아빠 그리고 우리 네 명의 동생들 쌀밥 많이 먹게 해 주어야지 하는 생각으로 열심히 공부를 하였다. 내가 공부만 잘하면 배불리 먹일 수 있다는 생각에 학교에서도 선생님 말씀을 하나도 빼지 않고 다 외워버렸다. 학년 올라갈 때마다 나는 우등상장을 받아왔다.

우리의 생활은 말이 아니었다. 그 당시 우리나라는 전쟁 직후라 일자리도 많이 없었고 식량도 많지 않았다. 엄마가 행상을 하며 벌은 돈으로 국수를 한 묶음씩 사다가 삶아서 간장을 넣어 먹는 것이 고작이었다. 그것도 없어서 끼니를 거르는 적이 많았다. 우리식구들은 아버지의 사업을 따라 인천, 부산, 서울을 전전하였다. 나는 초등학교 졸업할 때까지 네 군데의 학교를 다녔다.

원래 말이 없던 나는 사친회비를 내지 못해 집으로 자주 쫓겨나오곤 했다. 주눅이 든 나는 말수가 더욱 더 줄어들었다. 육학년 졸업할 무렵 저녁을 굶고 아침도 굶고 학교에 갔다. 산수 시간에 선생님은 문제를 내었다. 아무도 아는 학생이 없었다. 나는 손을 들고 답을 얘기 했다.

"이순희, 답은 맞았는데 개미 기어가는 목소리야. 아침 굶었냐?"

속으로 어제 저녁도 굶었는데, 조금 있더니 엄마가 유리문에 비쳤다. 나는 살그머니 나갔다. 엄마가 국수를 삶아서 고추장에 비벼서 가지고 오셨다. 공부 시간이라 아무도 없는 조용한 복도 모퉁이에서 나는 단숨에 국수를 다 먹어치웠다. 지금 생각하니 엄마가 얼마나 안타까웠을까. 어린 것이 저녁부터 아침까지 굶고 학교에 갔으니 동네방네 돈을 꾸어 국수를 삶아서 뛰어오셨을 것이다.

몇 년 전부터 초등학교 모임을 하게 되었다. 처음 만났을 때 한 친구가 "순희야. 나는 너만 생각하면 너의 엄마가 국수를 싸 오셔서 네가 땀을 뻘뻘 흘리며 먹던 생각만 난다"고 했다. 그 친구는 그 모습을 보았던 것이다. 옆에 있던 한 친구가 말했다.

"얘, 너는 지금 대학 다니며 공부를 하지만 그때 너는 말도 못하고 바보 같았었는데 지금 어떻게 공부하고 있니?" 하고 물었다. 옆에 있던 그 친구는 "얘, 그런 소리 하지 마. 얘는 우리 반에서 공부 제일 잘했어" 하는 것이었다.

초등학교 졸업할 무렵 엄마는 돈이 없는데도 남는 것은 앨범뿐이라고 돈을 빌려서 앨범비를 빌려서 나에게 주었다. 학교에 가서 앨범비를 냈다. "이순희는 사친회비는 안 내면서 앨범비는 내냐" 하시는 담임선생님의 냉랭한 목소리를 들을 수 있었다. 졸업하는 날 선생님은 끝내 앨범을 주지 않으셨다. 빈손으로 집으로 향하면서 나는 어린 마음에도 엄마가 돈을 빌려서 나를 주어 보냈는데 얼마나 실망하실까 싶어 선생님이 미웠다. 그때 엄마는 아무 말씀도 하지 않으셨다.

내가 대학교 졸업하고 앨범과 졸업장을 가지고 왔다. 엄마는 나의 졸업장은 쳐다보시지도 않으셨다. 앨범을 끌어안으시며

"네가 초등학교 졸업 앨범을 못 받아서 늘 가슴이 아팠는데 더 좋은 대학교 앨범을 받았구나" 하시면서 눈물을 흘리고 계셨다. 얼마나 가슴이 아프셨을까?

이 글을 쓰고 있는 이 시점에서 보면 나는 대학원 석사학위까지 받았다. 그런데 초등학교의 앨범을 못 받은 것이 뭐가 그리 아쉬운지

모르겠다. 초등학교 앨범만 생각하면 가슴이 아려오며 아프다.

  나는 지금 석사다. 그 당시 담임선생님을 이해하려고 노력하여 본다. 선생님도 윗선에서 많은 독촉을 받으셨겠지 하며 이해해보았다.

  중학교 검정고시 자격시험을 치르기 위해서는 초등학교 졸업 증명서가 필요했다. 나는 차를 운전하며 신촌 로타리 근처에 있는 창천 초등학교로 향했다. 50년 전의 피폐하고 궁핍했던 시절이 떠올랐다. 사친회비 안 낸다고 집으로 쫓겨 다니던 생각, 엄마가 국수를 싸 가지고 뛰어와 먹이던 생각, 학교 친구 엄마가 '너 쟤랑 놀지 마라' 하던 말들이 귓가를 맴돌았다. 내 몰골이 얼마나 초라했었는지 상상이 간다. 밥도 제대로 못 먹였으니 옷인들 제대로 입혔겠는가! 눈물이 주르르 흘렀다. 지금은 중형의 내 자가용을 운전하며 고래등 같은 집에서 사랑하는 남편과 엄마와 우리 아이들 셋과 사위 둘에 손자 넷, 온 가족이 건강하고 행복하게 잘 먹고 잘 살고 있지 않는가. 또한 못 다한 공부도 하지 않았는가! 이제는 이 세상 누구보다 행복하고 즐겁다. 글을 쓰고 있는 이 순간, 눈물이 앞을 가린다.

  숨기고 싶었던 어릴 때의 피폐했던 나의 가난한 시절의 이야기가 글이 되어 나타날 줄은 꿈에도 상상하지 못했던 일이다. 나는 가난과 싸워 이길 수 있는 힘과 인내력을 배웠고 용기를 얻었다. 가난의 경험은 나에게 꿈과 희망을 주었다. 내가 성공할 수 있는 초석이 되었다. 이제는 원도 한도 없다. 나의 이 행복, 이 기쁨이 누군가에게 또 다른 꿈과 희망이 되어준다면 살아가는 보람이 아닐까? 그 또한 가치 있는 삶이 되리라고 생각한다.

　나에게 열등감이 없었다면 오늘의 내가 없었을 것이다. 처절했던 가난의 기억, 초등학교 졸업이라는 짧은 가방끈과의 치열한 싸움. 그러나 언젠가는 꼭 공부하여 교수가 될 것이라는 희망을 접지 않았다. 가슴 속에는 늘 공부에 대한 열망이 가득했었다. 환갑, 진갑 넘은 나이에도 열망은 사라지지 않았다.

　초등학교 졸업한 지 50년이나 지나 손자, 손녀가 넷이나 되어 할미가 되었건만 학교 공부에 대한 열망은 더욱 더 살아나고 있었다. 공부에 대한 끈은 끝까지 놓아버릴 수 없었다. 결국 50년 만에 검정고시에 도전하게 되었다. 내 나이 63세 되던 해였다. 중학교 교과서를 받았을 때의 떨림을 잊을 수 없다. 평생의 한이 풀어지고 있었다.

　얼마나 열망했던 공부인가? 열등감을 없애기 위해 공부와 싸워 이기는 일은 결코 쉬운 일은 아니었다. 그러나 나는 인내를 갖고 끈질기게 맞서서 싸워 이겼다. 지독한 불행 속에서도 인내를 갖고 싸워 이겼다. 결국 인내가 오늘의 나를 있게 했다. 오늘의 나는 세상에서 누구보다 행복하다.

04
40에 돈을 벌고
60에 공부했다

장사를 시작한 지 20여 년 되었을 때. 우리는 안정을 찾아 가고 있었다. 논현동에 원룸을 새로 지었다. 이제는 내가 벌지 않아도 충분히 먹고 살 수 있었다. 이 정도만 있어도 나는 이제 부자다. 더 이상 재물에 매몰되지 말자. 평생소원인 공부를 하자! 그때가 63살이었다.

"여보 나 공부하고 싶어. 나 이제부터 공부할래."

"당신 돌았어? 환갑, 진갑 다 넘은 나이에 무슨 공부? 당신은 누가 봐도 대학 나온 줄 알고 있어. 그러니 걱정 말고 나랑 놀러나 다녀. 당신 나이가 있어서 이제 공부는 못 해! 그리고 그 힘든 공부는 왜 하려고 해?"

남편은 극구 말렸다.

"당신은 공부를 했기에 공부 못 한 나를 이해 못 해. 나는 공부를 못 하고 죽으면 한이 맺혀 무덤에 들어갔다가도 벌떡 일어날 것 같아. 낮에는 장사하고 밤에 학원에 다니면서 공부할 수 있는지 시험 삼아 해보고 싶으니까 당신이 좀 도와줘요."

나는 남편을 설득했다. 남편은 마지못해 동의를 하면서,

"당신 힘들어서 못 할걸, 안 될 거야."

나는 바로 검정고시 학원에 등록을 했다.

초등학교 졸업한 지 50년 만에 연필을 잡고 공부하는 감격은 이루 말할 수 없었다. 그러나 한편으로는 두려웠다. 과연 내가 해낼 수 있을까? 나는 수학의 루트, 함수, 포물선, 무리수, 유리수 등이 너무나 만나고 싶었다. 그리운 문제들이 있는 수학시간이 기다려졌다. 수학 시간이 되었다.

나는 공부할 때에는 항상 선생님의 침이 튀기는 맨 앞자리에 앉아 공부했다. 정신을 바짝 차리고 완전히 선생님 말씀에 몰두하고 강의를 듣기 시작했다. 시간이 흘렀다. 갑자기 눈앞에 하얀 안개가 끼듯 시야가 가려지더니 선생님의 모습이 흐릿해지면서 목소리는 하나도 안 들리고 입만 벙긋벙긋하는 것이었다.

아! 큰일 났구나. 50년 동안 쓰지 않아 굳어 있던 나의 뇌가 녹이 슬어 한 덩어리가 되어 있는 것을 갑자기 쓰려니 정지된 것을 느꼈다. 순간 큰 사위, 둘째 사위의 얼굴이 오버랩 되어 나타났다. 가만히 있었으면 초등학교 졸업 학력임을 몰랐을 것을, 공연히 공부를 한

답시고 공표를 해서 나의 학력이 들통났으니 이런 망신이 어디 있을까? 창피해서 어찌 한담?

집으로 돌아오는 길은 생지옥으로 가는 느낌이었다. 불행 중 다행인 것은 만에 하나 공부를 못 할 경우를 생각해서 약 일백이십만 원의 등록금은 한꺼번에 내지 않고 분할로 내기로 했기에 사십만 원만 손해 보면 되는 것이었다. 앞으로 4개월의 여유가 있으니 죽기를 각오하고 굳어버린 나의 뇌를 뚫어 보자. 망신스럽게 살아가느니 이제 공부하다 죽는다고 해도 한이 없다. 죽기를 각오하고 도전해 보자. 일 분 일 초도 허투루 보내지 않았다. 하루하루 지나면서 나의 뇌가 살아나는 것을 느낄 수 있었다.

노력하다 보니 신기한 일이 일어났다. 하늘을 나는 기분이었다. 매일 조금씩, 조금씩 터널을 뚫고 파들어 가는 기분이었다. 죽을 각오를 하고 달려든 나는 4개월 만에 터널의 끝을 뚫어 햇빛을 볼 수 있었다. 중학 과정 졸업자격증 시험에 합격했다. 이 영광, 이 기쁨은 공부 못 한 사람만이 느낄 수 있는 행복이었다. 가슴의 응어리가 반은 녹아내리고 있었다. 여기에 힘입어 바로 고등검정고시에 도전하였다. 중등검정고시의 몇 배로 더 힘이 들었다. 의자에 오래 앉아 공부하니 오른쪽 어깨는 쑤셔오고 허리도 아팠다. 한의원에 가서 침을 맞으며 나를 달랬다.

"순희야! 조금만 더 참자, 조금만 더. 장하다. 장해!"

나는 어깨와 머리를 쓰다듬으며 나를 토닥였다.

"순희야! 훌륭해! 정말 훌륭해! 너는 인내의 여왕이야. 노력의 화신이야. 그래 바로 그거야."

고생하고 애쓰는 내가 너무나 자랑스러웠다. 그때부터 나는 나를 너무나 사랑하게 되었다.

"순희야, 내가 너를 너무나 혹사시키는구나. 고등자격시험에 합격하면 호강시켜줄게. 약속한다."

나 스스로 자신을 설득하며 가까스로 고통을 이겨낼 수 있었다. 드디어 8개월 만에 합격하였다. 중·고등 졸업 자격증을 일 년 만에 거머쥐었다. 이 이상 행복이 없었다. 더 이상 부러울 것이 없었다.

두 줄기의 눈물이 폭포수가 되어 한없이 흘러내렸다. 나에게 이렇게 많은 눈물이 쌓여 있는 줄은 전혀 몰랐다.

"순희야! 고생했다. 고생했어. 정말 훌륭하다. 어떻게 이렇게 이겨낼 수 있었니? 나도 이제 기를 좀 펴고 살아보자."

양 어깨를 활짝 펴고 하늘 바라봤다. 감사합니다. 감사합니다.

나는 40에 돈을 벌었고 60에 공부하였다. 죽을 각오로 목숨을 걸고 노력하니 무서울 것이 없었다. 어떠한 불행도 목숨 걸고 달려드니 두 손, 두 발 다 들고 도망가버렸다.

05
끊임없는 공부가
지금의 나를 있게 했다

 우리는 살아가면서 괴로움이나 처절한 고통을 이겨내는 인내력을 키워야 한다. 한계를 극복했을 때 느끼는 희열은 경험한 사람들만이 느끼는 성공의 보람이다.

 석사 학위를 통과하려면 영어자격시험에 합격해야만 했다. 이 시험에 통과하지 못하면 수료로 끝나는 것이다. 나는 3번 불합격했다. 영어 출제 문제는 500문제가 시험 범위였다. 외워야 할지 포기해야 할지 머리가 지끈거렸다.

 일학년 입학하고 경험 삼아 처음 석사학위 영어자격시험을 보았다. 두근두근, 가슴이 뛰는 것을 느꼈다. 커닝하다가 발각되어 쫓겨나는 학생도 있었다. 살벌한 분위기 속에서 시험은 대충 찍어 보았다. 커닝은 상상할 수 없었다. 500문제, 그 많은 문제 중에서 해답은 찾을 수도 없었고 커닝은 자존심 문제였다. 500문제 중에 출제 문제는 40문제. 1문제당 2.5점이었다. 나는 답을 찍었다.

결과는 40문제 중에 10문제 맞춰서 25점이었다. 합격점수는 60점 이상. 두 번째 다시 도전했다. 500문제의 커닝 페이퍼를 들고 들어갔다. 엄마의 돋보기를 빌렸다. 그러나 떨려서 볼 수 없었다. 보려고 하니 500문제에서 1문제의 답을 찾으려니 하늘의 별 따기였다. 망신을 당하느니 포기하기로 했다.

평생 안 하던 커닝, 양심을 버리지 말자.

'하느님! 늦은 나이에 공부하려니 너무 힘이 듭니다. 죄송하지만 저 조금만 도와주세요. 이번에는 꼭 합격할 수 있도록 도와주세요. 성모님, 함께 빌어 주세요.'

합격 날짜를 기다리며 기도를 드리는 마음은 왠지 편치 않았다. 확신이 없는 죄송한 기도를 드리며 당연한 결과를 알면서도 혹시나, 행여나 하는 마음으로 보니 결과는 27.5점. 다음에는 제가 노력하겠습니다.

세 번째 도전, 500문제를 어떻게 외운담. 도저히 불가능하다. 생각만 해도 끔찍스럽다. 어찌하면 좋을까? 커닝도 못 하고 찍기도 못 하고, 100문제도 아니도 200문제도 아니고 진퇴양난이다. 아무리 생각을 해도 오로지 길은 외길, 외우는 길밖에는 도리가 없었다. 이 길이 아니면 갈 곳이 없다. 이 길만이 나의 길이었다.

그러나 젊다면 해볼 만한데 칠순 할머니가 도전하기에는 도저히 불가능해 보였다. 자신이 없었다. 자신이 없을 때는 칠순 할머니 핑

계가 생각이 났다. 두통이 오기 시작하였다. 사람들이 제일 후회하는 일이 '그때 한번 도전해볼걸'이라는 글을 보았다

"순희야, 힘내. 너는 칠순 할머니가 아니야. 꿈과 희망이 있는 젊은 만학도야! 이 세상에 불가능은 없다. 도전해 보자. 도전하다 쓰러진다 해도 후회는 없을 것이다."

문제집을 사왔다. 100문제씩 분단별로 나누어 책을 5권으로 나누었다. 영어시험에 떨어지면 석사가 아닌 수료로 끝난다. 자존심의 문제이다. 특히 영어에 자신이 없는 나였다. 어떤 학생은 몇 년을 도전하는 것을 보았다. 내가 그 꼴이 되면 안 되는데, 열심히 노력해보자.

나의 삶은 열정과 도전으로 가득 차 있다. 나는 젊은이들과 함께하는 학생이다. 나는 이번 영어시험에 꼭 합격하고 싶다. 나의 한계에 부딪쳐보고 싶다. 이 시험에 합격한다면 나의 소원을 완전무결하게 이루어지는 것이다. 또 한 번의 큰 성공을 하는 것이다. 꼭 합격해야 한다. 꼭 합격할 것이다. 실패는 싫다. 이제 실패한다면 한없는 구렁텅이로 빠질 것 같은 기분이다. 나는 결코 질 수 없다.

문제집을 열어보았다. 첫 번째 문제를 보았다. 모르는 단어가 더 많았다. 모르는 단어를 찾아가며 첫 문제를 해석하고 이해하는 데 10분이 걸렸다. 문제를 푸는 데는 그리 어렵지는 않았고 내가 이 문제를 이해하였다는 쾌감을 느꼈다. 그래, 바로 이거야. 늦으면 어때. 내가 영어 공부를 한다는 자체가 바로 행복인 것을! 너무 길고 어려운 문제는 중간의 핵심만을 외웠다.

10문제를 푸는 데 한 시간이 걸렸다, 옥상을 걸으며 하루 종일 시험 공부에 매진하였다. 오후 3시쯤 50문제를 풀었다. 도저히 불가능할 것 같았다. 언제 500문제를 푼담. 나는 방법을 바꾸었다. 스스로 머리를 쓰다듬으며 "순희야, 너무 장하다 벌써 50문제를 외웠어? 너는 천재야, 천재" 하고 칭찬을 하였다. 마음이 가벼워지는 것을 느꼈다. 밤 10시가 되어 100문제를 다 훑어보았을 때의 환희! "순희야 내가 100문제를 훑었어! 그래, 할 수 있다. 할 수 있어!" 이제는 희망이 보인다.

　앞으로 1주일이다. 충분히 할 수 있다. 속도를 내자! 다음 날 200문제, "아니 벌써 반 가까이를, 장하다 장해." 그 다음날 300문제, "자, 열심히 하자. 조금만 더 가면 정상이다."

　문제는 다시 되돌아가서 첫 문제를 보았을 때, 처음 보는 문제처럼 너무나 생소했다는 점이다. 몰입이 부족했던 것 같았다.

　500문제를 다 훑어보았을 때, 매장에서 나와 달라는 연락을 받고 바쁘게 일을 마치고 와서 다시 도전하였다. 전체 500문제를 제대로 풀어본 것은 세 번 정도였다. 조금만 더 보았으면 했지만 시간이 안 되었다. 시험 문제를 받아보았다. 외웠던 문제들이 눈에 쏙쏙 들어왔다. 옳거니 이제는 합격하는 데는 문제없을 것이라고 장담을 하였다

　40문제 중 20문제가 정확하게 눈에 들어왔다. 20문제면 2.5점이면 50점하고 4개 정도는 찍어도 맞을 것 같았다. 교수님들이 물었다. 영어시험 잘 보았냐고. 나는 "이번에는 합격입니다"라고 대답했

다. 자신만만했다. 그러나 막상 뚜껑을 열었을 때, 47.5점으로 불합격이었다. 그러나 희망이 생겼다. 졸업하기 전까지 한 번의 기회가 남아있다. 조금만 더 외우면 합격은 따 놓은 당상이다. 아까웠다. '하면 된다.'는 긍정의 의미를 또 한 번 느끼면서 도저히 외울 수 없었을 것 같았던 불가능을 가능으로 바꿔 생각했다. 그러자 희망을 느낄 수 있었다.

마지막 영어 시험공부가 시작됐다. 영어 500문제를 외울 수 있다는 결과물, 10번 20번 아니면 100번 외우면 할 수 있다는 결과물을 보았기에 큰 걱정은 안 했다. 밤이 늦도록 외우고 풀고, 중간 중간 핵심만 짚어서 다시 외웠다. 머리를 수십 번 쓰다듬고 어깨를 다독거리며 "순희야, 훌륭해. 너는 할 수 있어!"라고 나를 위로했다.

500문제를 5번 정도 외웠을 때, 몸에서 이상이 생겼다. 4개월 전에 척추 수술 받은 주위가 욱신욱신 쑤셔왔다. 병원을 찾았다.

의사 선생님께서 말씀하셨다.

"너무 무리를 하셨네요. 일 년의 휴양기간이 필요한데 잘 쉬셔야 할 것 같아요. 수술한 지 이제 4개월밖에 안 됐으니 절대 안정이 필요합니다."

그러나 중도에 포기할 수는 없었다. 주사와 약을 병행하며 누워서 다시 처음부터 외우기 시작했다.

'나는 죽어도 이번에는 합격해야 해! 다시 재수술 받는 한이 있어도 이번에는 꼭 합격해야 한다. 이번에는 꼭 이루고 말 것이다!'

드디어 시험 날이 되어 시험지를 받았다. 눈에 들어오는 외웠던 문제가 많았다. 합격은 무리 없을 것을 확신하였다. 얼마나 높은 점수로 합격하느냐가 문제였다. 함께 시험을 치른 동기생이 "언니, 시험 잘 봤지. 너무 훌륭하다. 나 언니 한번 안아주고 싶어. 수고 많았어" 하며 나를 꼭 안아주었다. 눈물이 나오려는 것을 억지로 참았다.

이번에는 꼭 합격할 수 있겠다는 확신을 가졌다. 발표 날, 컴퓨터를 확인했고 드디어 합격이라는 글씨를 봤다. 나의 점수는 80점이었다. 대학원 학생들과 교수님의 축하 메시지에 감사하였다. 나이가 들어 할머니가 되어도 마음만 먹으면 어떤 일이든 해낼 수 있다는 것을 보여주었다. 결실을 본 것이다. 꼭 해내고야 말겠다는 굳은 신념으로 끈질기게 노력하면 안 되는 일이 없다는 것을 다시 한 번 확인할 수 있었다. 요즘도 힘든 일을 하게 되면 내가 영어 시험 500문제도 외웠는데 이 정도쯤이야 하며 어떤 일이든 쉽게 해낼 수 있다. 어렵고 힘들었던 경험은 살아가는 데 많은 도움이 된다고 느꼈다.

성공하려면 희생의 대가를 치러야 한다. 그러나 많은 사람들이 불확실한 성공을 얻기 위해 희생을 하기보다 평범하고 안락한 삶을 사는 편을 택한다. 그 편이 훨씬 쉽기 때문에 노력하려 들지 않는다. 그러나 나는 노력하며 인내하는 과정 자체가 삶의 의욕을 느끼게 하고 살아가는 원동력이 된다는 것을 알았다. 노력 후의 성공의 기쁨과 희열을 만끽하며, 또 다른 것을 찾아 도전해본다. 끊임없는 공부가 지금의 나를 있게 했다.

06
모든 성공은
자기 경험에 있다

"인상이 너무 좋으시네요. 굉장히 행복해 보이세요, 무엇을 하시는 분이세요?"

사우나에서 마주 앉아 있는 여인이 나한테 말을 걸어왔다.

"아, 네. 저는 지금 글을 쓰고 있습니다. 작가가 되어서 여러 사람 앞에서 강의하는 저의 모습을 상상하니 너무 행복하네요."

"책 쓰기 힘들지 않으세요?"

"매우 힘들지요. 그러니까 성공했을 때를 상상하면 행복하지요."

힘든 고비를 슬기롭게 넘길 수 있도록 상상하며 즐길 수 있도록 만들어야 한다. 이것도 기술이 필요하다. 마음이 약한 사람들은 현재의 힘든 고비를 이겨내지 못한다. 순간의 힘든 고비를 이겨낸 다음의 달콤한 행복까지 도달하지 못하는 것이다. 터널 속의 무서운 암

흑을 참아내야 한다. 긴 터널 속으로 참고 견디며 나아간다면 언젠가는 끝에 도달하며 찬란한 햇빛을 맞이할 수 있다. 단 한 번이라도 이 맛을 보고 느낀다면 반복적으로 성공할 수 있다. 인내의 한계를 느낄 수 있어야 한다.

나는 컴퓨터 독수리타법을 고치려고 매일 한 자씩 손가락 자리 잡기를 6개월을 연습해서 자리 잡는데 성공했으며 대학원 자격 영어시험 500문제도 수술 후유증을 앓아가면서도 외우고 또 외워 패스했다. 고통 뒤에 숨어 있는 찬란한 영광을 발견하지 못한 사람들은 이 희열을 느끼지 못 한다. 아주 미세한 작은 것에서부터 시작하여 큰 영광을 얻는 법을 터득했다.

나는 원래 말이 없었다. 말투는 부드러운지, 혹여 기분은 상하게 하는 건 아닌지, 말끝을 흐리지는 않는지, 발음을 또박또박 잘하고 있는지 등을 알기 위해 녹음하여 들어본다. 나의 목소리는 그야말로 노인네 목소리였다. 그냥 들었을 때는 몰랐던 나의 목소리에 실망감이 많았다. 새로운 전략이 필요했다. 젊어 보이는 목소리와 몸짓을 연구하였다.

계획이 필요했다. 강의할 때 전달력을 정확하게 전달하기 위해서 스피치 학원에 등록했다. 첫째 시간에 복식호흡을 하며 문장을 읽었다. 자신이 있었다. 건강을 지키기 위해 국선도를 8년째 해 왔다. 국선도의 주된 것이 단전호흡이었다. 복식 호흡을 하면서 긴 문장을 힘들이지 않고 부드럽게 잘 읽을 수 있었다.

처음 하는 사람들은 잘 못했지만 나는 한 번의 연습으로 충분히 따라하고 있었다. 평소에 나를 위해 노력했던 점이 빛을 발했다. 높낮이 할 때의 조절법이라든지 강의할 때 맑고 힘찬 목소리로 효과를 볼 수 있는 방법을 많이 배웠다.

걸음걸이는 반듯한지 많은 신경을 쓰고 다녔다. 나는 젊어서부터 디스크가 있었다. 나이가 들면서 척추협착으로 고생을 많이 했다. 남에게 허리 아픈 것을 보여주기 싫었다. 아무렇지 않은 듯 아픔을 참으려 항상 반듯하게 걷고 있었다. 환갑 넘어 시작한 공부였다. 구부정하니 아픈 허리로 공부하는 모습은 남들이 보기에 추하게 보일 것 같았다. 많이 아픈 날은 침을 맞으며 참고 학교를 다녔다. 남편 앞에서도 아픈 티를 내지 않았다. 학교를 그만두라고 할 것 같아서 입을 막으며 통증을 참고 다녔다.

대학원을 한 학기 남겨 두고 걸음을 못 걸을 정도로 아팠다. 결국 수술하기로 결정했다. 나는 앞으로 꿈과 희망을 갖고 공부하는 만학도로서 박사공부도 해야 했고 책을 쓰는 작가도 되어야 했다. 수술하면 반드시 나을 것이라는 확신을 가지며 수술을 하였다. 수술 결과 내가 생각했던 대로 단 1%의 통증도 없었다. 아무 통증 없이 반듯하게 걸을 수 있었다.

고통을 참고 인내로 한계를 넘겼을 때, 무엇이든 원하는 대로 된다. 재물도 학력도 사람도 모두 따라와주었다. 고통 뒤에는 보이지 않았던 드넓은 유토피아가 있었다. 그것이 눈앞에 보이지 않기에 사람들은 쉽게 주저앉는다. 그러나 인내력만 있다면 누구나 다 도달할 수 있다. 성공은 그냥 얻어지는 것이 아니다. 어떠한 성공이든 숱한 경험이 쌓여 이루어진다.

항상 깔끔하게 단장한다. 한 매장의 오너로서 준비된 외모와 마음을 갖고 판매를 해야 한다. 옷은 잘 다려져서 깨끗한지, 구김이 있지 않은지, 치마를 입었을 때 앞배가 나와 치마 앞자락이 들리지는 않았는지, 구두는 잘 닦고 깨끗하게 했는지, 헤어스타일은 흩어지지 않았는지, 나의 눈빛은 살아있는지, 특히 입 냄새는 안 나는지, 가방을 똑바로 들고 인사를 했는지. 내 자신을 둘러볼 것이 너무나 많았다. 머리부터 발끝까지 또 다시 점검했다. 나갈 때는 큰 거울로 뒤태를 점검했다. 뒷모습까지도 아름답게 보이고 싶었다. 장사의 기술과 디자인, 이러한 모든 것은 실전을 뛰면서 알았다. 동대문시장에서 장사의 모든 것을 배웠다.

07
거꾸로 살아온 인생
참 즐겁다

대학을 졸업할 즈음 대학원에 다니고 싶었다. 어차피 시작한 공부인데 대학원에서는 어떤 학문을 어떻게 연구할지 궁금증이 생겼다.

"여보! 나 대학원 가고 싶은데 가면 안 될까?"

미안한 마음으로 슬쩍 떠 보았다.

"이제 그만 하지!"

남편은 단호했다. 일보 전진을 위해 일보 후퇴를 하기로 했다.

"알았어요. 당신이 원하면 대학원 포기할게요."

나는 아주 부드럽게 대답하며 안심시켰다. 장사에서 배운 아름다운 말하기와 친절이었다. 며칠 후 남편에게 말했다.

"여보! 학교에서는 내가 대학원에 가는 것이 우리 반 학생들에게 기정사실로 되어 있는데 못 간다니 좀 창피한 생각이 든다. 그래서 당신한테 의논하는 건데 나는 평소에 영어실력이 모자라다. 그래서 이 기회에 소문도 가라앉히고 영어도 배울 겸 영어 연수 다녀오면 안 될까? 비싼 곳은 못 가고 경비가 적게 드는 필리핀으로 딱 1년만 연수 다녀오면 어떨까?"

눈치를 보며 남편 의사를 물어 보았다. 이럴 경우 "나 영어 연수 갈 거야" 하는 단호한 말보다는 "다녀오면 안 될까요?" 하는 의논하는 문장을 쓰며 상대방을 존중해서 조심스럽게 말해야 한다.

"당신 필리핀 가면 치안이 안 좋아. 총 맞아 죽어."

나는 순간적으로 대답했다.

"여보! 내가 필리핀에서 총 맞아 죽는다면 우리나라 신문에 대서 특필 되겠지? '70세 이순희 할머니 공부하기 위해 영어 연수 갔다 총 맞아 죽다.' 여보! 내가 외국에서 공부하다 죽는다면 그보다 더 큰 영광이 없을 거야."

어떻게 그런 대답이 나왔는지 지금 생각해도 나 자신도 놀라고 있다. 남편은 기가 막혔는지 나를 쳐다보더니 말문을 닫고 말았다. 잠시 후에 말을 했다.

"그럼 아이들 다 모아놓고 물어보자."

큰사위, 작은사위, 아들, 딸 둘이 모두 모였다. 큰사위는 말했다.

"아버님, 어머님이 자랑스럽습니다. 저는 찬성입니다."

"아버님, 저도 찬성입니다. 어머님이 훌륭하십니다."

작은사위도 찬성이었다. 아들도 말했다.

"아빠, 우리가 하지 못한 공부 엄마가 하시겠다는데 왜 반대하세요. 저도 찬성입니다."

"공부하라는 자식 놈들은 안 하고, 어미가 저렇게 공부하려고 기를 쓰니 나 원 참."

큰 사위가 말했다.

"아버님! 어머님이 그 연세에 열심히 공부하시는 모습이 자랑스럽고 훌륭하십니다. 아파서 병원에 입원하시면 학비보다 병원비가 더 많이 들어갑니다. 학비는 우리 두 사위가 책임지겠습니다. 허락해주세요."

"그래, 자네들이 그렇게 생각한다니 고맙네. 그럼 모두 엄마 대학원 가는 것으로 결정하자. 탕탕탕."

이런 기적 같은 일이…. 5년 전만 해도 돈은 많이 벌어 잘 먹고 잘 살고는 있었지만 초등학교 졸업 출신으로 기가 죽어 살았었다. 대학교도 감사한 일이었다. 그런데 대학원이라니!

"이게 꿈이야 생시야."

정신이 몽롱해지는 것을 느꼈다. 둘째 딸이 주방에 와서 나한테 물었다.

"엄마는 평생 고생하며 돈을 벌었는데 대학원 공부하는 것을 아빠한테 꼭 허락을 받아야 해?"

나는 대답했다.

"아빠를 존중해줌으로 해서 우리 가정에 평화가 오는 거야. 우리 집이 이렇게 행복하고 평화로운 것도 아빠가 중심이 되어 있기 때문이야. 그래서 너희들도 행복하게 살 수 있었던 거야."

딸은 나의 말에 수긍했다.

검정고시로 중·고등 졸업 자격증을 얻었을 때, 평생 쌓였던 한의 눈물이 한없이 쏟아져 나왔다. 실컷 울고 눈을 떴을 때, "어? 언제 우리 집 도배를 했지? 언제 했을까?" 했다. 정신을 가다듬었다. 도배한 적이 없었다. 내가 그동안 마음이 어두웠던 것이었다. 나도 이제는 고등학교 졸업 자격을 얻었다는 기쁨이 온 세상이 밝게 보이게 했다. 나는 다시 태어난 것이다. 그동안 웅크리고 살아왔던 나도 이제는 어깨를 활짝 펴고 마음을 열고 살아보자! 온 세상을 다 얻은 마음이었다. 이렇게 최고의 기쁨을 느꼈던 것이 엊그제 같은데, 대학을 거쳐 대학원이라니 천지가 개벽할 노릇이 아니겠는가?

이렇게 동의를 얻어 대학원에 들어가게 되었으니, 나는 온 세상을 다 얻은 것처럼 기뻤다. 참 기가 막힌 일이 아닐 수 없었다. 대학을 졸업하기 위해서는 남편의 기분을 더 많이 맞춰야 한다는 생각을 하게 되었다. 동대문시장에서 장사하면서 배운 친절의 노하우를 활용했다. 남편에게 칭찬의 말을 하루에 한 번 이상 해줬다.

"여보! 젊었을 때는 고생시키는 당신이 미운 적도 있었다. 그러나 지금은 당신만 한 사람도 없어."

내 말에 남편의 기분이 좋아지는 것을 느꼈다. 나는 매일매일 칭찬을 아끼지 않았다. 우리 부부 사이는 더욱 더 돈독해지고 있었다. 결국 석사 패스를 했다.

졸업 가운을 입고 졸업사진을 찍었다. 오 교수님께서 "부부가 사각모 쓰고 같이 찍으니 참 좋았다"고, 꼭 부부가 함께 찍으라고 하신 말씀이 생각났다. 마침 동기생이 바빠서 못 가니 언니가 같이 빌려다 달라고 했다. 그래서 두 벌의 가운이 있었다. 나는 남편에게 말했다.

"여보, 우리 사각모 쓰고 함께 사진 찍자."

"내가 뭘 했다고 찍어."

"무슨 소리야. 당신이 옆에서 나를 많이 도와주었기에 내가 대학원 석사 패스했지. 당신이 옆에서 도와주지 않았다면 나 혼자 석사 패스 못 했어. 당신은 충분히 사각모 쓸 자격 있어. 우리 이번 기회에 멋지게 한 번 찍어봅시다."

남편은 행복한 미소를 지으며,

"그래? 지금 사진관 문 닫았을 텐데" 하며 좋아하고 있었다. 내가 말을 안 했으면 서운했을 뻔했다.

수여식 하는 날 일찍 학교에 가서 둘이 석사 가운을 입고 사진을 찍었다. 부부가 석사 패스한 것이다. 사진을 액자에 넣어 한쪽은 나의 독사진, 다른 한쪽은 석사 부부 사진을 걸어놓았다. 새 마음, 새 기분이었다. 이런 날이 나에게 오다니! 8년 전만 해도 초등학교 졸업 학력의 열등감으로 어두운 마음을 갖고 살았거늘….

우리 서울과학기술대학교 대학원 앞에 나를 위한 잔치가 벌어졌다. 94세 되신 엄마를 비롯하여 두 사위와 식구들, 네 명의 동생들과 조카들 모두 18명이 참석했다. 온 식구가 모여 잔치를 했다. 이렇게 기쁜 날이 또 있을까? 영원히 잊지 못할 영광스러운 날이다.

나는 젊어서 돈을 벌었고 환갑 넘어 중고등 검정고시를 패스하고 대학교를 거쳐 칠순에 대학원 석사까지 패스했다. 나는 동대문시장에서 35년 동안 장사를 하면서 최선의 노력으로 성공했다. 희로애락을 경험하며 인생의 모든 것을 배웠다. 거꾸로 살아온 인생, 엄청 힘들었다. 그러나 지나고 보니 이보다 더 보람 있고 가치 있는 일은 없었다.

너무나 즐거운 인생, 나는 참 행복하다.